ASPECTOS DO
Processo Eleitoral

S587a   Silveira, José Néri da
 Aspectos do processo eleitoral / José Néri da Silveira. —
Porto Alegre: Livraria do Advogado, 1998.
 116p.; 14x21cm
 ISBN   85-7348-073-4

 1. Direito Eleitoral. I. Título.

CDU 342.8

Índice para catálogo sistemático
Direito Eleitoral

(Bibliotecária responsável: Marta Roberto, CRB 10/652)

José Néri da Silveira

Aspectos do
Processo Eleitoral

livraria
DO ADVOGADO
editora

Porto Alegre 1998

© José Néri da Silveira, 1998

Revisão de
Rosane Marques Borba

Capa, projeto gráfico e diagramação de
Livraria do Advogado / Valmor Bortoloti

Direitos desta edição reservados por
Livraria do Advogado Ltda.
Rua Riachuelo, 1338
90010-173 Porto Alegre RS
Fone/fax (051) 225 3311
E-mail: livadv@vanet.com.br
Internet: www.liv-advogado.com.br

Impresso no Brasil / Printed in Brazil

*À minha querida esposa,
Ilse Maria, exemplo inexcedível
de dedicação, bondade e amor.*

Os direitos autorais desta edição foram cedidos para a Casa de Cultura de Lavras do Sul - RS.

Sumário

Introdução 11
1. Democracia representativa e processo eleitoral 13
2. A Justiça Eleitoral como instrumento da democracia representativa 19
3. O alistamento eleitoral: sua importância. Significado do "recadastramento eleitoral" de 1986 23
4. Escolha e registro dos candidatos. A questão das inelegibilidades 29
5. Reeleição do Chefe do Poder Executivo. Não-exigência de afastamento do cargo 49
6. Reeleição e situação de Vice-Presidente, Vice-Governador e Vice-Prefeito 63
7. Renúncia do Chefe do Poder Executivo e elegibilidade para o mesmo cargo no período subseqüente 75
8. Hipóteses de inelegibilidade infraconstitucional e a jurisprudência do Tribunal Superior Eleitoral 79
9. Inelegibilidades infraconstitucionais e preclusão 87
10. Abuso do poder econômico e do poder de autoridade 91
11. Coligações partidárias e a Lei nº 9.504/97 103
12. Aspectos da propaganda eleitoral 109

Introdução

A Emenda Constitucional nº 16, de 4 de junho de 1997, que alterou o art. 14, § 5º, da Constituição de 1988, autorizando a reeleição do Chefe do Poder Executivo, em todos os planos da administração, a um período imediatamente subseqüente, tem gerado ampla discussão, em torno da necessidade ou não de afastamento definitivo desses titulares do cargo ocupado, para concorrerem à recondução ao mesmo cargo eletivo, debate que repercute, também, no quadro das inelegibilidades previstas na Constituição.

Logo após os julgamentos de diversos processos de consulta, pelo Tribunal Superior Eleitoral, acerca dessa matéria e de outros temas concernentes ao processo eleitoral, inclusive sobre a Lei nº 9.504, de 30 de setembro de 1997, proferi duas palestras: uma, a convite do Procurador-Geral Eleitoral, professor Geraldo Brindeiro, no 5º Encontro dos Procuradores Regionais Eleitorais, em Brasília, a 13.11.97; outra, no 3º Encontro dos Promotores de Justiça Eleitorais, a 14.3.98, em Corumbá, MS, a convite do Procurador-Geral da Justiça do Estado, Dr. Fadel Taje Iunes, e do Procurador Regional Eleitoral no mesmo Estado, Dr. Luiz de Lima Stefanini.

O conteúdo do presente trabalho resulta, assim, basicamente, das dissertações então desenvolvidas, as quais, à sua vez, tiveram em conta, também, pronunciamentos meus no Tribunal Superior Eleitoral e a jurisprudência dessa Corte Superior da Justiça Eleitoral. Não se trata, pois, de ensaio sobre os temas versados, com preocupação e atenção acadêmicas, mas, tão-só, de exame, com objetividade e simplicidade, de questões que poderão, eventualmente, estar presentes, no processo eleitoral brasileiro.

O objetivo da publicação dessas anotações estará, destarte, atingido, se, embora modestamente, contribuir, dentro de seus limites temáticos, a estudos de juízes, membros do Ministério Público, advogados e dirigentes de partidos políticos, na aplicação do direito eleitoral e solução de litígios nascidos no curso do processo eleitoral.

Páscoa, 1998.

José Néri da Silveira

1. Democracia representativa e processo eleitoral

A democracia não pode ser entendida, apenas, como uma *fórmula política*, restrita, tão-só, à escolha de governantes por governados, para mandatos temporários, com limites e responsabilidades no exercício do Poder, mas, antes, há de conceber-se como uma *forma de convívio social*. Disse-o, admiravelmente, William Kerbi:

"A democracia é primeiramente social, moral, espiritual e, secundariamente, política. É uma filosofia de vida, tanto quanto uma teoria de governo. É inspirada por um nobre conceito do indivíduo, da dignidade de sua pessoa, da respeitabilidade de seus direitos, da exigência de suas potencialidades para um desenvolvimento normal".

Como forma de convivência social, compreendem-se as dificuldades do estabelecimento real da democracia, da compatibilidade de seu espírito com princípios normativos. Na indagação do consenso dos valores a inspirarem o traçado definitivo, para a nossa época, dos caminhos da democracia, é certo, desde logo, que não pode haver espaço a concepções ou soluções, com base no obscurantismo, na opressão e na violência, na injustiça e na insinceridade, na intransigência, ou em qualquer expressão de abuso do poder econômico ou de autoridade, porque, simplesmente, todos esses característicos são desvalores no convívio social. A instauração de uma duradoura ordem de liberdade pressupõe se constitua, simultaneamente, uma ordem de justiça, ou na consecução efetiva dessa finalidade se desenvolvam os esforços públicos e privados, com resultados concretos. À ordem democrática, a par das garantias e direitos dos cidadãos, cabe criar ou consolidar instrumentos eficientes que assegurem a efetiva participação de todos nos bens e benefícios sociais, estimulando-se, ademais, por mecanismos adequados, a fé nos valores da solidariedade e da cooperação.

De outra parte, se a categoria do "Estado de Direito" é a que mais corresponde, em visualização histórica, à preservação do valor da Liberdade, nas dimensões individual e política, e encontra, na vivência democrática, a expressão mais significativa, não é possível, porém, deixar de admitir que o seu aperfeiçoamento institucional não se dá sem a simultânea realização do valor da Justiça, enquanto esta entende, na perspectiva do social, imediatamente, com a criação de condições básicas, para que todos os membros da convivência e não apenas alguns, no exercício das liberdades, possam alcançar o efetivo desenvolvimento da personalidade, notadamente, em face das situações adversas, criadas pela conjuntura real, econômica e financeira, agravada, de forma substancial, nos tempos atuais, com a inquietante ampliação das áreas de populações menos favorecidas da fortuna ou em estado de extrema pobreza. Somente no Estado de Direito, garantidas as liberdades, será possível, também, o Estado de Justiça, que pressupõe, além da existência de segurança do livre desenvolvimento da personalidade, por igual, a eficaz proteção da pessoa humana, contra a exploração econômica ou outras formas de opressão, bem assim a garantia dos denominados princípios universais da justiça social. Dessa maneira, impende compreender que quaisquer sejam as dificuldades, a Justiça, enquanto valor social, há de implantar-se, num convívio democrático, em ordem de persuasão e nunca pela compressão ou violência.

Noutro plano, a *cidadania* não se pode, efetivamente, ver realizada, tão-só, na asseguração do exercício de direitos políticos, no periódico participar dos cidadãos na eleição de seus representantes, ou na possibilidade de merecerem o sufrágio dos demais. Decerto, o exercício do direito de voto é dimensão significativa da cidadania, sem o qual não resta espaço, desde logo, a falar-se em convívio democrático. Não é possível, entretanto, alcançar a plenitude da cidadania, sem a garantia: 1) da definitiva participação de todos na administração da coisa pública, respeitado o áureo princípio da igualdade, inconciliável com qualquer forma de discriminação por motivo de sexo, idade, cor ou estado civil; 2) e da viabilidade de todos os integrantes da convivência social, e não apenas de alguns, serem sujeitos dos benefícios do desenvolvimento em suas diversificadas manifestações, da cultura, das conquistas do espírito. São essas dimensões igualmente fundamentais na consecução dos itinerários da paz social e de um regime democrático autêntico, cumprindo, desse modo, se encontrem instrumentos eficazes para sua realização.

Por isso mesmo, a reflexão sobre uma ordem de liberdade e justiça não pode prescindir das preocupações em torno da plenitude da cidadania.

De outro lado, a *democracia política* e *representativa* encontra no sistema eleitoral forma significativa de manifestação de sua legitimidade, quer pela lisura na composição do corpo eleitoral, quer no sufrágio esclarecido, consciente e livre de qualquer forma de coação ou pressão, quer pela apuração dos votos sem ilegalidade nem fraude. Nesse contexto, ganha ainda maior importância a *representação do povo*, no Executivo e na Legislatura, para que a democracia possa ser, efetivamente, "o governo dos mais capazes e dos melhores".

Se a instituição do *sufrágio universal* é considerada condição necessária à democracia e as leis que o estabelecem são, por isso mesmo, tidas como fundamentais ao regime, certo está que a consulta popular resta, sempre, submetida a imperativos concretos, notadamente de índole cultural e social, que limitam de forma singular o poder de expressão. Daí por que alcançar a imagem cada vez mais aproximada da vontade geral, na eleição dos representantes do povo, há de constituir meta fundamental do processo eleitoral, ganhando especial relevo a correta aplicação da lei específica, que deve estipular regras para que, no dizer de Assis Brasil, "todos os que possam conscientemente votar, votem ao abrigo da fraude e da violência", escoimando-se de vício o processo pelo qual a vontade de cada um se manifesta. A verdade eleitoral, numa convivência democrática, é anseio da Nação que cumpre alcançar, constituindo, para tanto, instrumento indispensável à normalidade e à segurança dos pleitos, em suas diversas fases, com disciplina e lisura nas votações, bem assim com apuração cuidadosa dos sufrágios depositados livremente nas urnas.

Ademais disso, a liberdade individual de expressão das tendências políticas põe-se como pressuposto essencial da ordem democrática, de que o processo eleitoral é uma manifestação. Dentre os direitos políticos, o do sufrágio talvez seja o mais eminente em relação ao ser humano e à comunidade ao seu redor, como bem anotou Mônica Herman Salem Caggiano, "exatamente por propiciar a participação ativa e passiva no pólo epicêntrico das decisões políticas substanciais" (*in Sistemas Eleitorais x Representação Política*, 1987, p. 41). Carl Schmitt (*in Teoría de la Constitución*, México, 1970, p. 197), na visualização dos direitos do indivíduo no âmbito do Estado, como cidadão, afirma que o sufrágio "poderia ser considerado como superior, na medida em que dele depende o gozo dos demais, porquanto de uma boa representação parlamentar dimana a segurança das leis adequadas e justas e da forma de legislar e de dar cumprimento às leis depende o tratamento a ser dado aos direitos individuais".

De outra parte, a *disputa pelos sufrágios*, no embate eleitoral, é condição indispensável do próprio sistema representativo. O princípio da igualdade, a ser preservada no campo da exteriorização das preferências eleitorais, bem assim entre os partidos políticos e os candidatos a cargos eletivos, constitui elementar exigência do modelo democrático e do pluripartidarismo que lhe é inerente.

Assim sendo, na perspectiva ampla da necessária higidez do processo eleitoral, para a realização de democracia representativa autêntica, põe-se a indispensável obediência à *normatividade* do alistamento dos eleitores; da seleção e registro dos candidatos, observados os pressupostos de elegibilidade e afastadas eventuais inelegibilidades; da propaganda eleitoral, com direta participação dos agentes políticos e de seus candidatos; dos procedimentos de votação e de apuração dos resultados e, por fim, da proclamação e diplomação dos eleitos.

2. A Justiça Eleitoral como instrumento da democracia representativa

Competindo-lhe presidir o processo eleitoral, submetido por inteiro a complexo sistema normativo, constitucional e infraconstitucional, com fases demarcadas em rígido calendário que cumpre ter pontual observância, eis como se revela, desde logo, a importância da missão administrativa, jurisdicional e cívica da *Justiça Eleitoral* no Brasil.

Com efeito, consoante se inseriu no histórico manifesto da Aliança Liberal de 1930, "as melhores leis serão inócuas ou danosas, se ao seu lado não houver justiça organizada que as cumpra e faça cumprir integralmente." Dela disse, significativamente, Assis Brasil, na justificativa do Anteprojeto do Código Eleitoral de 1932, *verbis*:

"Bom regime eleitoral e Juízes moral e intelectualmente capazes de aplicar, não só essa, como todas as leis - mas essa antes de todas - eis a condição primária, irredutível, de verdade da Democracia e de prosperidade do país, em todas as direções, materiais e espirituais.

Povo que disponha de seguro instrumento eleitoral e de Justiça esclarecida e independente - está no caso de se dar as instituições e de constituir os governos de sua preferência. (...). Quanto mais se pesarem os princípios e as circunstâncias e se cotejarem aqueles com estas, mais se consolidará a convicção de que a verdade está na Democracia e o pensamento democrático está cristalizado no lema imortal: REPRESENTAÇÃO E JUSTIÇA."

Assume, nesse sentido e por isso mesmo, no Brasil, posição de maior importância, para a democracia, a Justiça Eleitoral, ao guardar o processo eleitoral, zelando pela organização, direção e vigilância dos atos relativos ao sufrágio, em ordem a que a vontade geral se manifeste, sem fraude nem violência, na conformidade das leis, que hão de ser interpretadas e aplicadas, na perspectiva da realização dos valores da democracia, indissociáveis dos superiores interesses do bem comum.

Com cerca de sessenta e cinco anos de existência a Justiça Eleitoral, não é possível deixar de reconhecer que o processo eleitoral brasileiro, sob a sua égide, tem obtido desempenho eficiente e seguro. Ramo do Poder Judiciário, desde logo, sua atuação possui a marca da *independência* que tanto assinala a instituição judiciária, no século republicano, notadamente, pelo amplo controle dos atos dos outros Poderes e das autoridades públicas em geral. Com competência para dirigir o complexo procedimento, que conduz à livre manifestação do povo na escolha de seus representantes, a Justiça Eleitoral preside, com imparcialidade, os prélios cívicos; coíbe abusos ou ilegalidades nas campanhas eleitorais; aplica, com serenidade e firmeza, as leis regentes das eleições e da vida partidária. Com independência incontrastável, assegura a liberdade dos sufrágios, julga as inelegibilidades, as fraudes e os crimes eleitorais. Exercita, sempre que necessário, seu poder normativo, o que lhe empresta especial feição, pela importância dessa atividade materialmente administrativa, de tão diversificadas formas, no contexto da administração e do poder de fiscalizar os atos que compõem as complexas fases do processo eleitoral, desde o alistamento dos eleitores até a diplomação dos eleitos. De particular registro é a normalidade em que se desenrolam os pleitos eleitorais, com disciplina e segurança nas votações, bem assim com apuração cuidadosa dos sufrágios depositados nas urnas. Eventuais reclamações ou impugnações, aqui ou ali, à evidência, não comprometem a lisura das eleições, nem a Justiça Eleitoral, que, de pronto, busca, por seus órgãos competentes, verificar os fatos e julgá-los, na forma da lei.

Essencial, entretanto, ao desempenho da Justiça Eleitoral, é o Ministério Público, que, junto a ela, exerce seu importantíssimo múnus, ora como parte, ora como *custos legis*. Incumbindo-lhe, a teor do art. 127 da Constituição, "a defesa da ordem jurídica, do regime democrático e dos interesses sociais e individuais indisponíveis", e estando, entre suas funções institucionais, conforme o art. 129, I e II, da Lei Magna, "promover, privativamente, a ação penal pública, na forma da lei", e "zelar pelo efetivo respeito dos poderes públicos e dos serviços de relevância pública aos direitos" assegurados na Constituição, "promovendo as medidas necessárias à sua garantia", - em todas as instâncias do processo eleitoral, projeta-se a ação do Ministério Público, junto à Justiça Eleitoral, como de máxima relevância aos interesses maiores da democracia.

3. O alistamento eleitoral: sua importância

Significado do "recadastramento eleitoral" de 1986

O objetivo da verdade eleitoral, meta a alcançar numa convivência democrática, não cabe ter como assegurado, com a só regularidade formal do processo de votação, apuração dos sufrágios e proclamação dos eleitos. O *alistamento*, que se faz com a qualificação e inscrição dos eleitores, pode constituir, como fase inicial do processo, também, a primeira porta à fraude, inscrevendo-se quem não possua as qualificações legais, ou de forma múltipla, do que decorre a conseqüência inafastável de tais vícios contaminarem etapas posteriores do procedimento eleitoral. Nesse sentido, a modernização dos serviços eleitorais em geral, utilizando-se técnicas novas para seu aprimoramento, com o fim de torná-los não só mais eficientes, mas, ainda, mais resguardados de quaisquer vícios, há de compor o rol permanente de providências indispensáveis a afirmar-se a verdade eleitoral.

Seguindo essa inspiração, a Justiça Eleitoral, por intermédio do Tribunal Superior Eleitoral, propôs, a 25 de novembro de 1985, pelo Ofício nº 584, ao Excelentíssimo Senhor Presidente da República, Dr. José Sarney, a implantação do *processamento eletrônico de dados no alistamento eleitoral*, consubstanciada a providência em anteprojeto de lei que, enviado ao Congresso Nacional, se converteu na Lei nº 7.444, de 20 de dezembro de 1985, com base na qual se desencadeou, em 1986, o *recadastramento eleitoral*, em todo o País. Na oportunidade, em Exposição de Motivos, a Corte acentuou:

"Nessa linha, é, hoje, fora de dúvida, que o processamento eletrônico de dados - como sistema já conferido, quanto à sua segurança e utilidade, também, no âmbito do Poder Judiciário - constitui instrumento de uso indicado no processo eleitoral. (...). A confiabilidade e credibilidade na prestação desses serviços têm concorrido, crescentemente, para que, no âmbito do Governo, quanto da Legislatura e dos Tribunais, se estimule a ampliação do uso da informática, notadamente, no alistamento eleitoral. No particular, é inequívoco que os recursos provenientes do processamento eletrônico de dados, uma vez implantado, assegurarão à Justiça Eleitoral instrumento de múltiplas virtualidades para realizar-se o desiderato da existência de um corpo de eleitores, em correspondência pontual, em cada tempo, com o número dos que, realmente, possuem qualificação para o exercício do sufrágio. Os cadastros eleitorais atualizados, mantidos em computador, em substituição aos fichários manuais constantes dos Cartórios, constituirão registros seguros e confiáveis. A instantaneidade das informações, a fácil expedição de listagens e de relatórios, a possibilidade de gerar documentos fidedignos e, por vez, de conteúdo múltiplo e diversificado, esses simples aspectos de um todo complexo estão a evidenciar a utilidade do uso do computador, para controle efetivo, pela Justiça Eleitoral, do alistamento, verificação do corpo eleitoral e a realização de estudos e análises indispensáveis à melhoria constante de seus serviços, em toda a amplitude."

Noutro passo, a evidenciar a necessidade de uma revisão geral do eleitorado, observou-se:

"Não resultará segurança, de outra parte, no que concerne à eliminação de eventuais fraudes no alistamento existente, se a adoção dessa técnica não vier acompanhada de simultânea revisão do eleitorado, em ordem a que os fichários sejam expungidos de vícios e conferidos. Somente, assim, hão de se constituir cadastros em computador, devidamente atualizados, de tal sorte que as futuras alterações se façam, mediante procedimento eletrônico, a partir da realidade, concreta e cuidadosamente, apurada pela Justiça Eleitoral".

Vinculando-se a proposta ao intento de aperfeiçoar as instituições eleitorais e a democracia, ainda, no mesmo documento, restou anotado:

"Desígnio tão ambicioso na sua abrangência, quanto nos elevados objetivos a que se propõe, a implantação do alistamento, segundo as modernas técnicas do processamento eletrônico de dados, no País, somente poderá concretizar-se, com a conjugação dos esforços dos três Poderes da União e das Unidades Federadas, dos Municípios, dos Partidos Políticos, dos segmentos representativos da sociedade, enfim, de todos os cidadãos quanto das autoridades dos diversos níveis. Será autêntica campanha cívica, em que a Nação, confirmando seus propósitos de uma definitiva convivência democrática, empenhará, unida, esforços no sentido de cooperar para que a revisão do eleitorado, no caso, possa contribuir, decisivamente, a fim de identificar-se o real corpo de eleitores. Também, altos se farão os dispêndios, vale dizer, os sacrifícios a serem, proporcionalmente, de todos exigidos. Os ideais de um convívio democrático, fundado na verdade, em que os representantes da Nação ascendam ao Poder, com a segurança dos sufrágios dos eleitores, sem fraudes, nem acusações de máculas, por certo, justificam o investimento do País na consolidação de suas instituições livres e democráticas, baseadas em um processo eleitoral limpo, decente, sem corrupção, sem opressão e sem violência de qualquer espécie."

A extraordinária manifestação cívica, efetivamente, aconteceu e, em 1986, em menos de sessenta dias úteis, cadastraram-se 69.166.810 eleitores, perante os Postos de Alistamento que a Justiça Eleitoral fez funcionar, com seus juízes e servidores sob sua direção, em todo o imenso território nacional, constituindo-se o maior cadastro, em meio magnético, do País, que atingiu, então, a oitenta e cinco milhões de registros, com o tamanho unitário de 400 KB. Ampliou-se esse cadastro nacional, nos anos seguintes, para cerca de 82.000.000 de eleitores, em 1990, atingindo, hoje, 102.667.421 eleitores. Notável foi, assim, no particular, o testemunho que a Justiça Eleitoral deu à Nação, não só da unidade dos Tribunais e Juízes Eleitorais de todo o País, com a orientação e coordenação do Tribunal Superior Eleitoral, num único espírito de serviço à democracia, mas também da independência de nossa magistratura, ao enfrentar dificuldades de todas as ordens, opostas, por vezes, por quem não desejava a melhoria do processo eleitoral, a decidida ação contra a fraude no alistamento e a constituição, em meio seguro e magnético, dos cadastros eleitorais. Em conseqüência, hoje, a qualquer instante, podem ser esses cadastros, em computador, em âmbito nacional, regional ou local, pesquisados, conferidos, cruzados, revelando-se de forma exata, outrossim, o perfil do eleitorado brasileiro, com base em informações referentes ao sexo, faixas etárias, estado civil, grau de instrução (analfabeto, lê e escreve, primeiro grau incompleto, primeiro grau completo, segundo grau incompleto, segundo grau completo, superior incompleto, superior completo), naturalidade, número de eleitores por Estado, com todas as especificações anteriormente aludidas, bem assim, em cada Estado, a composição do respectivo eleitorado, de acordo com as Unidades da Federação donde são naturais. O pleito eleitoral de 1986 e os que se lhe seguiram confirmaram, em toda a extensão, a segurança do sistema de processamento eletrônico no alistamento eleitoral, eliminando-se, em decorrência, a fraude ou sua tentativa, notadamente, quanto a dualidade ou pluralidade de inscrições, e impedindo-se a manipulação dos eleitores no processo de alistamento. Indo desde as belas Capitais aos mais recônditos municípios, distritos e zonas rurais, aos seringais, aos garimpos, às populações ribeirinhas, à selva amazônica, à caatinga, aos cerrados, às coxilhas, a favelas e alagados, enfim, até onde, no imenso território nacional, houvesse brasileiro à sua espera, para tornar-se eleitor e poder preparar-se para o exercício em plenitude dos direitos decorrentes de sua cidadania, os juízes brasileiros e os servidores da Justiça Eleitoral evidenciaram à Nação seu espírito de serviço e de amor à democracia. O povo, à sua vez, manifestou, em apoiando o recadastramento eleitoral, seu profundo desejo de ver funcionando, no país, uma democracia representativa autêntica.

4. Escolha e registro dos candidatos

A questão das inelegibilidades

Outra fase do processo eleitoral concerne à *escolha, em convenção partidária*, e *registro dos candidatos*. Na perspectiva ampla da participação no processo político e na administração da coisa pública, segundo o princípio da igualdade, em que se revela a cidadania, no exercício dos direitos políticos de eleger e de ser eleito, põem-se os temas da *elegibilidade* e das *inelegibilidades*, concernentes ambas à denominada capacidade eleitoral passiva, ou seja, à capacidade de ser eleito. Disse-o, de maneira precisa, José Afonso da Silva: "Tem elegibilidade, portanto, quem preencha as condições exigidas para concorrer a um mandato eletivo. Consiste, pois, a *elegibilidade no direito de postular a designação pelos eleitores a um mandato político* no Legislativo ou no Executivo. Numa democracia, a elegibilidade deve tender à *universalidade*, tanto quanto o direito de alistar-se eleitor. Suas limitações não deverão prejudicar a livre escolha dos eleitores, mas ser ditadas apenas por considerações práticas, isentas de qualquer condicionamento político, econômico, social ou cultural". Noutro passo, acrescenta: "Mas é certo que, por regra, é necessário ser eleitor para ser elegível. No sistema brasileiro, como na maioria dos países, não basta ser eleitor para gozar da elegibilidade". E remata: "Enfim, para que alguém, entre nós, possa concorrer a uma função eletiva é necessário que preencha certos requisitos gerais, denominadas *condições de elegibilidade*, e não incida em nenhuma das *inelegibilidades*, (...), que precisamente constituem impedimentos à capacidade eleitoral passiva. As condições de elegibilidade e as inelegibilidades variam em razão da natureza ou tipo de mandato pleiteado. A condição básica e comum a todas as hipóteses é a de o postulante *estar no gozo dos direitos políticos* (ser eleitor), o que já envolve as condições de nacionalidade brasileira" (*apud Curso de Direito Constitucional Positivo*, 10ª Ed. Revista, pág. 350).

Efetivamente, distingue a Constituição de 1988 entre *condições de elegibilidade* e *causas de inelegibilidade*.

Dispõe, nesse sentido, o § 3º do art. 14 da Lei Maior:

"§ 3º São condições de elegibilidade, na forma da lei:
I - a nacionalidade brasileira;
II - o pleno exercício dos direitos políticos;
III - o alistamento eleitoral;
IV - o domicílio eleitoral na circunscrição;
V - a filiação partidária;
VI - a idade mínima de:
a) trinta e cinco anos para Presidente e Vice-Presidente da República e Senador;
b) trinta anos para Governador e Vice-Governador de Estado e do Distrito Federal;
c) vinte e um anos para Deputado Federal, Deputado Estadual ou Distrital, Prefeito, Vice-Prefeito e juiz de paz;
d) dezoito anos para Vereador."

As condições de elegibilidade constituem, assim, requisitos a serem preenchidos para que o cidadão possa concorrer a eleições. Cuida-se, aí, de requisitos positivos previstos na Constituição, a qual remete à lei discipliná-los, a tanto equivalendo a cláusula "na forma da lei", consignada no § 3º do art. 14 transcrito.

Quanto às *inelegibilidades*, como bem anotou o Ministro Moreira Alves, em ensaio inserto em *Estudos de Direito Público em homenagem a Aliomar Baleeiro*, ed. Universidade de Brasília, 1976, pág. 228, "são impedimentos que, se não afastados por quem preencha os pressupostos de elegibilidade, lhe obstam concorrer a eleições, ou - se supervenientes ao registro ou se de natureza constitucional - servem de fundamento à impugnação de sua diplomação, se eleito."

A Constituição de 1988, assim como promulgada, ao lado das condições de elegibilidade (art. 14, § 3º), previu, expressamente, casos de inelegibilidade, nos parágrafos 4º, 5º, 6º e 7º do mesmo art. 14, *verbis:*

"Art. 14

...

§ 4º São inelegíveis os inalistáveis e os analfabetos.

§ 5º São inelegíveis para os mesmos cargos, no período subseqüente, o Presidente da República, os Governadores de Estado e do Distrito Federal, os Prefeitos e quem os houver sucedido ou substituído nos seis meses anteriores ao pleito.

§ 6º Para concorrerem a outros cargos, o Presidente da República, os Governadores de Estado e do Distrito Federal e os Prefeitos devem renunciar aos respectivos mandatos até seis meses antes do pleito.

§ 7º São inelegíveis, no território de jurisdição do titular, o cônjuge e os parentes consangüíneos ou afins, até o segundo grau ou por adoção, do Presidente da República, de Governador de Estado ou Território, do Distrito Federal, de Prefeito ou de quem os haja substituído dentro dos seis meses anteriores ao pleito, salvo se já titular de mandato eletivo e candidato à reeleição."

Consoante decorre dos textos transcritos, as inelegibilidades implicam restrições ao direito político do cidadão de ser votado para cargos eletivos, o qual se alinha entre as liberdades públicas fundamentais. Compreende-se, destarte, informem-se essas restrições da natureza própria de matéria constitucional, devendo, pois, sua sede originária de disciplina residir na Lei Fundamental do Estado, de forma exaustiva, ou, no mínimo, na Constituição se preverem os princípios básicos delas regentes. No tratamento do tema, não é possível olvidar o art. 6º da Declaração dos Direitos do Homem e do Cidadão, da Revolução Francesa, aprovada a 26.8.1789: "Todos os cidadãos, por serem iguais perante a lei, devem ter igual acesso a todas as dignidades, postos e empregos públicos, segundo sua capacidade e sem outra distinção que por suas virtudes e talento."

Referindo-se ao § 5º do art. 14 da Constituição, na redação original, Celso Ribeiro Bastos anota:

"O estudo da inelegibilidade compreende o da irreelegibilidade, caso particular da primeira, consistente na restrição de candidatar-se ao mesmo cargo que ocupa.

Convém frisar que o estudo desta matéria deve ser levado a efeito com a adoção das técnicas hermenêuticas que conduzem a um entendimento restritivo das normas interpretáveis. Isto em virtude de estar-se diante de vedações ou restrições do exercício de direitos, como o de votar, o de ser votado, o de preencher função pública etc., que devem ser feitos valer com a sua maior plenitude.

As restrições só devem prevalecer enquanto claramente fixadas no Texto Constitucional, sem qualquer recurso a métodos ampliativos de interpretação que possam conduzir a alguma hipótese restritiva sem expressa configuração legal ou constitucional." (*apud Comentários à Constituição do*

Brasil - *promulgada em 5 de outubro de 1988* - Ed. Saraiva, 2º vol., págs. 585/586)

De outra parte, está no art. 14, § 9º, da Constituição, na redação dada pela Emenda Constitucional de Revisão nº 4, de 7.6.94, *verbis*:

"§ 9º Lei Complementar estabelecerá outros casos de inelegibilidade e os prazos de sua cessação, a fim de proteger a probidade administrativa, a moralidade para o exercício do mandato, considerada a vida pregressa do candidato, e a normalidade e legitimidade das eleições contra a influência do poder econômico ou o abuso do exercício de função, cargo ou emprego na administração direta ou indireta."

Verifica-se, desse modo, que, embora se cuide também de inelegibilidades as previstas em lei complementar editada com apoio no § 9º do art. 14 da Constituição, estão elas sujeitas ao objeto e finalidades estipulados na Lei Magna. Por fundamentos próprios, o constituinte definiu, entretanto, casos de inelegibilidade, imediatamente, no texto da Constituição. As normas contidas nos §§ 4º a 7º do art. 14 da Lei Fundamental são, à sua vez, de eficácia plena e aplicabilidade imediata, não dependentes da lei complementar a que se refere o § 9º do mesmo artigo.

Com efeito, é certo que a Constituição de 1946 regulava, por inteiro, o sistema das inelegibilidades. Destacado foi, no ponto, o pronunciamento de Argemiro de Figueiredo, no debate da matéria, na Constituinte de 1946, conforme registra José Duarte, *in A Constituição Brasileira de 1946*, v. II/516, *verbis*:

"se já estatuímos, em dispositivos já votados, todos os casos de elegibilidades, com maior razão devemos incluir, expressamente, em nossa Carta Magna os de inelegibilidades, porque estes são mais importantes, visto como significam restrições ao direito político do cidadão. O mesmo poder que cria o direito é o competente para impor limitações. Seria erro de técnica, e perigoso mesmo, deixarmos matéria de tamanha importância para o legislador ordinário."

Sucedeu, entretanto, que a Emenda Constitucional nº 14, de 3 de junho de 1965, em seu art. 2º, veio a permitir que lei especial criasse casos de inelegibilidade, além dos enunciados na Constituição, a fim de resguardar objetivos e valores aí previstos. Nessa linha, editou-se a Lei nº 4.738, de 15.7.65, denominada Lei de Inelegibilidades. Tal técnica foi seguida na Constituição de 1967 e em sua Emenda nº 1, de 1969, bem assim na Constituição de 1988 (art. 14, § 9º). A esse respeito, escreveu José Afonso da Silva, *in Curso de Direito Constitucional Positivo*, 10ª ed. revista, 1994, págs. 370/371:

"A experiência do sistema revogado demonstrou, com sobradas razões, o acerto dessa lição (acima transcrita) de Argemiro Figueiredo, que a Constituinte de 1987/1988 lamentavelmente não aprendeu, deixando a possibilidade de criação de outros casos com o só limite de indicativos não muito definidos. O casuísmo da Lei Complementar nº 5/70 fez incluir, em seus dispositivos, casos de inelegibilidades absurdos. Essa Lei foi substituída pela Lei Complementar 64, de 18.5.90, que, embora mais sóbria, sujeitando-se aos limites que a própria Constituição lhe impõe e aos que decorrem naturalmente do sentido excepcional que devem ter normas restritivas de direitos fundamentais, ainda mantém excessivo casuísmo."

No que concerne a inelegibilidades não definidas expressamente na Constituição, mas remetidas à lei complementar, a teor do art. 14, § 9º, do Estatuto Básico, anotou José Afonso da Silva, *in Curso de Direito Constitucional Positivo*, RT Editora, 1990, p. 335:

"A explicitação (por parte da Constituição) do objeto, quanto às inelegibilidades a serem criadas pela lei complementar era necessária, porque, configurando elas restrições a direitos políticos, importa sejam delimitadas aos objetos e fundamentos clara e expressamente indicados. Por serem restritivas de direitos fundamentais (direito à elegibilidade), é que a técnica sempre recomendou que fossem disciplinadas inteiramente em dispositivos constitucionais."

Comentando o texto revisto em 1994, o ilustre Professor José Afonso da Silva, após analisar o *objeto* e *fundamentos* das inelegibilidades, com base na lei complementar prevista no § 9º do art. 14 da Constituição, ainda observa (op. cit., 10ª ed., 1994, pág. 370):

"As inelegibilidades possuem, assim, um fundamento ético evidente, tornando-se ilegítimas quando estabelecidas com fundamento político ou para assegurarem o domínio do poder por um grupo que o venha detendo, como ocorreu no sistema constitucional revogado. Demais, seu sentido ético correlaciona-se com a democracia, não podendo ser entendido como um moralismo desgarrado da base democrática do regime que se instaure."

À sua vez, em torno dessas inelegibilidades definidas em lei complementar, com base na autorização do art. 14, § 9º, da Lei Maior, escreveu Manoel Gonçalves Ferreira Filho: "Mantém o texto vigente a preocupação da Emenda nº 1/69, ... de impedir que o exercício de altos cargos e funções na administração pudesse servir de instrumento para a conquista de postos eletivos", bem assim obstar a possibilidade de "uso indevido do prestígio e dos poderes do cargo" (in *Curso de Direito Constitucional*, Ed. Saraiva, 1990).

De referência às *inelegibilidades definidas nos §§ 5º e 6º do art. 14 da Constituição*, na redação original de 5 de *outubro de 1988*, enquadram-se, segundo José Afonso da Silva, entre as denominadas *inelegibilidades relativas*, que "constituem restrições à elegibilidade para determinados mandatos em razão de situações especiais em que, no momento da eleição, se encontre o cidadão", acrescentando o mestre paulista: "O relativamente inelegível é titular de elegibilidade, que, apenas, não pode ser exercida em relação a algum cargo ou função eletiva, mas o poderia relativamente a outros, exatamente por estar sujeito a um vínculo funcional, ou de parentesco ou de domicílio que inviabiliza sua candidatura na situação vinculada" (op. cit., 10ª ed., 1994, págs. 371/372).

Por motivos funcionais, o Presidente da República, os Governadores de Estado e do Distrito Federal, os Prefeitos e quem os houvesse sucedido ou substituído nos seis meses anteriores ao pleito eram inelegíveis, até o advento da Emenda Constitucional nº 16, de 4.6.97, *"para os mesmos cargos, no período subseqüente"*. José Afonso da Silva, referindo também lição de Pontes de Miranda, acrescenta, a esse respeito (op. cit., 10ª ed., pág. 372):

"É de notar, em primeiro lugar, a natureza especial dessas inelegibilidades, que a Constituição revogada denominava *irreelegibilidades*, termo desnecessário porque significa mesmo *privação da elegibilidade para o mesmo cargo que está sendo ocupado pelo interessado*; o de que se trata, (...), é mesmo de *proibição de reeleição*, agora tecnicamente configurada, como sempre foi da tradição do Direito Constitucional pátrio: *vedação de pleitear eleição para o mesmo cargo num segundo mandato sucessivo*; basta, para que se componha a inelegibilidade em causa, que o *titular*, originário ou sucessor, tenha exercido, *por um instante*, o cargo, no período de seu mandato, *ou o substituto*, em qualquer momento, dentro dos seis meses anteriores ao pleito; se apenas tomar posse e não entrar em exercício do cargo, não se compõe a inelegibilidade."

Diversamente, entretanto, sustenta Josaphat Marinho a natureza de *inelegibilidade absoluta*, de referência a que previa o § 5º do art. 14 da Constituição, na redação original. Nesse sentido, escreveu o ilustre Professor e Senador mencionado, em *Reeleição e Desincompatibilização*, trabalho publicado na *Jurídica Administração Municipal - Ano II - nº 02, pág. 1, verbis:*

"A Constituição Federal estabeleceu como regra a inelegibilidade para os altos cargos executivos."

Depois de transcrever o § 5º do art. 14 da Constituição, prossegue:

"Na mesma diretriz de prudência e moralidade política a Constituição preceitua, no § 6º do artigo referido, que os titulares desses postos, para 'concorrerem a outros cargos', 'devem renunciar aos respectivos mandatos até seis meses antes do pleito'. Como se vê, a Carta de 1988 instituiu a *inelegibilidade absoluta* para os mesmos cargos, de seus ocupantes, inclusive o Presidente da República, em relação a quem os tenha exercido permanentemente ou nos seis meses anteriores ao pleito. Estipula a *inelegibilidade relativa* para os titulares daqueles postos, que pretendam 'outros cargos', obrigando-os a renunciar até seis meses antes do pleito. Confirmando o princípio da inelegibilidade, o instrumento constitucional proclama, no art. 82, que 'o mandato do Presidente da República é de quatro anos vedada a reeleição para o período subseqüente'."

Parece, fora de dúvida, sem necessidade de discutir sobre a natureza da inelegibilidade, que a do § 5º do art. 14 da Constituição, na redação original, possuía *objeto* e *fundamento* distintos, em confronto com as outras inelegibilidades também previstas na Constituição, pois o que nela se regulava, efetivamente, era a irreelegibilidade para o mesmo cargo, no período subseqüente.

Escreveu, nesse sentido, Manoel Gonçalves Ferreira Filho: "A Constituição em vigor segue a tradição brasileira, fixando como regra para o Executivo a irreelegibilidade. De fato, não aceita a reeleição de quem ocupou a chefia do Executivo, em qualquer nível por qualquer tempo no período. Quis evidentemente prevenir o continuísmo, mal não só brasileiro como latino-americano" (*Comentários à Constituição Brasileira de 1988*, Ed. Saraiva, 1990, pág. 129).

Noutro passo, assevera: "Note-se que esta alínea proíbe a reeleição. Portanto, veda a recondução para o mesmo cargo. A inelegibilidade eventual do titular dos cargos mencionados nesta alínea para outros cargos não deriva do aqui estabelecido, mas de outros preceitos adiante mencionados."

Nessa mesma linha, escreveu a Professora Mônica Herman Salem Caggiano, de São Paulo, em ensaio intitulado "*A Reeleição - Tratamento Constitucional (Breves Considerações)*" - publicado em "*Preleções Acadêmicas*", do CEPS - Centro de Estudos Políticos e Sociais - São Paulo - Caderno nº 1/97 - págs. 7/8, *verbis*:

"Em verdade, como assinalado no nosso *Sistemas Eleitorais X Representação Política* (Brasília, Ed. do Senado Federal, 1990), o princípio decorre de interpretação extremamente restritiva do *standard* republicano que impõe a alternância, evitando-se a perpetuação e a personificação do poder. Na matriz presidencialista, norte-americana, contudo, a restrição é muito mais suave e foi introduzida tão só com o advento da Emenda nº XXII, que estabeleceu: 'nenhuma pessoa deve ser eleita para o cargo de Presidente por mais de duas vezes'. Na França não há qualquer restrição à reeleição e o mandato presidencial, com a duração prevista de sete anos, pode ser renovado indefinidamente. E em Portugal, onde instalado um regime misto parlamentar-presidencial, o art. 126º da Constituição, que disciplina o tema da 'reelegibilidade', prevê, em relação à figura do Presidente, impedimento apenas para 'um terceiro mandato consecutivo' (126º, 1), preconizando, ainda, que, 'se o Presidente da República renunciar ao cargo, não poderá candidatar-se nas eleições imediatas nem nas que se realizam no quinquênio imediatamente subseqüente à renuncia' (art. 126º, 2) - *in Constituição da República Portuguesa*, Coimbra Editora, 1989.

O continuísmo e o sempre presente perigo, anunciado por Montesquieu, de que o poder corrompe o próprio poder, encontram-se como base a servir de respaldo à regra da irreelegibilidade. Ilustrativo a esse respeito o exemplo americano, território em que penetra a limitação ao exercício de dois mandatos presidenciais consecutivos por força da consolidação do costume introduzido por Washington, ao se recusar a concorrer para um terceiro período. Rompida a tradição por Roosevelt, ao acatar um terceiro e um quarto mandatos, foi consagrada a regra limitadora, a nível constitucional, mediante ratificação da já aludida Emenda nº XXII.

Avulta, assim, a inviabilidade de aproximação entre a hipótese de irreelegibilidade e as diferentes situações a suscitar inelegibilidade. Ambas, em verdade, afetam, restringindo, o domínio da elegibilidade. Há o discrímen, no entanto, quanto ao respectivo fundamento. E, sob este particular prisma, não há como reuní-las sob um rótulo único. Não carece, pois, de razão a advertência do Prof. Manoel Gonçalves Ferreira Filho, no sentido de que a inelegibilidade das figuras elencadas no parág. 5º, do art. 14 da Constituição Federal, para outros cargos decorre de outros preceitos da Lei Maior. E, robustecendo a assertiva, o registro promovido pelo Prof. José Afonso da Silva, pertinente à exigência de objeto definido para cada um dos casos que afete restritivamente o direito à elegibilidade (v. supra).

Não nos parece, destarte, restar dúvida de que a previsão de irrelegibilidade detém fundamento e objeto próprios e diversos daqueles a compor os casos de inelegibilidade. E esse quadro não mudará com o advento da nova redação a ser oferecida ao já aludido parág. 5º do art. 14 da C.F. Embora atenuada a regra, o princípio permanecerá em cenário jurídico constitucional e, nessa qualidade, continuará a exigir interpretação restritiva, afastando qualquer tentativa de comunicação com as hipóteses de inelegibilidade."

Comentando, a seguir, o § 6º do art. 14 da Constituição, o ilustre constitucionalista de São Paulo acrescenta: "O titular, o sucessor e o mero substituto que hajam ocupado o cargo de Presidente, Governador, Prefeito, nos seis meses que precedem o pleito, são inelegíveis para qualquer cargo ou função. Com isso, a Constituição busca impedir que se prevaleçam do cargo para a obtenção de vantagens eleitorais" (op. cit., pág. 129). Tais, assim, o objeto e fundamento dessa inelegibilidade.

No que concerne ao § 7º do art. 14 da Constituição, Manoel Gonçalves Ferreira Filho observa, quanto à inelegibilidade do cônjuge, dos parentes consangüíneos e afins: "Esta inelegibilidade já vem do direito anterior. É necessária para impedir o nepotismo, ou a perpetuação no poder através de interposta pessoa. A solução, aqui, é de bom senso. A inelegibilidade é 'no território de jurisdição do titular'. Note-se que, em face deste dispositivo, o cônjuge, o parente consangüíneo, ou afim, do Presidente da República são absolutamente inelegíveis" (op. cit., pág.130).

A inelegibilidade prevista no art. 14, § 7º da Constituição de 1988 tem esta formulação e limites:

"Art. 14.

§ 7º. São inelegíveis, no território de jurisdição do titular, o cônjuge e os parentes consangüíneos ou afins, até o segundo grau, ou por adoção, do Presidente da República, de Governador de Estado ou Território, do Distrito Federal, de Prefeito ou de quem os haja substituído dentro dos seis meses anteriores ao pleito, salvo se já titular de mandato eletivo e candidato à reeleição."

Na Resolução nº 15.284, de 30.5.89, o TSE acolheu entendimento da Procuradoria-Geral Eleitoral segundo o qual "o objetivo da norma (art. 14, § 7º, da Constituição de 1988) é evitar que o parente se beneficie da influência do titular de mandato eletivo para a obtenção de vantagens eleitorais", no território de sua jurisdição. Reiterou-se, de outra parte, na Resolução nº 15.284 referida, o que já se continha nas Resoluções nºs 13.779 e 14.493, do TSE: "A jurisdição do Governador abrange todo o Estado."

Certo está que *a Constituição exclui, da inelegibilidade prevista na regra maior em referência*, cônjuge ou parente até o segundo grau, ou por adoção, de titular de Chefia do Executivo, que já for *titular de mandato eletivo e candidato à reeleição*. Para a exclusão da inelegibilidade aludida, põem-se, assim, dois pressupostos: a) ser detentor de mandato eletivo; e b) ser candidato à reeleição.

Se amplo e genérico é o primeiro requisito da exclusão da inelegibilidade, qual seja, "titular de mandato eletivo", cumpre definir o sentido da cláusula final "e candidato à reeleição".

Em linha de princípio, no âmbito do Poder Legislativo federal, os mandatos eletivos de Deputado e Senador devem ser compreendidos, a partir da tradição republicana brasileira do bicameralismo. Está, assim, no art. 44 da Constituição: "O Poder Legislativo é exercido pelo Congresso Nacional, que se compõe da Câmara dos Deputados e do Senado Federal." A Câmara dos Deputados integra-se por representantes do povo, eleitos pelo sistema proporcional, *em cada Estado, em cada Território e no Distrito Federal*, cabendo à lei complementar estabelecer o número total de deputados, bem como a *representação por Estado e pelo Distrito Federal* (CF, art. 45 e § 1º).

O Senado Federal constitui-se, à sua vez, de *representantes dos Estados e do Distrito Federal*, escolhidos segundo o princípio majoritário, sendo que cada Estado e o Distrito Federal elegem três Senadores, com mandato de oito anos, renovando-se a representação de cada Estado e do Distrito Federal, de quatro em quatro anos, alternadamente, por um e dois terços (CF, art. 46, §§ 1º e 2º).

Relativamente à Câmara dos Deputados, como ao Senado Federal, a composição respectiva é feita *a partir de cada Estado e do Distrito Federal*. Estipula, de referência à Câmara dos Deputados, o § 1º do art. 45 da Lei Maior que o número de representantes será proporcional à população, "procedendo-se aos ajustes necessários, no ano anterior às eleições para que nenhuma daquelas unidades da Federação tenha menos de oito ou mais de setenta Deputados." Os Deputados são eleitos nos Estados e no Distrito Federal; estes, à sua vez, escolhem, cada qual, seus três representantes no Senado Federal. Deputados ou Senadores são, destarte, eleitos pelo povo das Unidades da Federação (Estados e Distrito Federal), pelos sistemas, respectivamente, proporcional e majoritário. *Há, pois, sempre, uma base territorial a ser considerada.* A Câmara dos Deputados compõe-se de representantes do povo eleitos, *em cada Estado e no Distrito Federal*, com mandato de quatro anos (CF, arts. 44, parágrafo único, e 45). Cada Senador é representante de Estado determinado ou do Distrito Federal, com mandato de oito anos.

Ora, bem de entender é, pois, que cada Estado e o Distrito Federal constituem uma *circunscrição eleitoral* para os pleitos federais, tanto assim que o domicílio eleitoral no Estado ou no Distrito Federal é condição de elegibilidade, *ut* art. 14, IV, da Constituição, em se cuidando de eleição para Deputado Federal ou Senador. O *conceito de reeleição* de Deputado Federal ou de Senador implica, desse modo, renovação do mandato, como representante do povo ou da Unidade da Federação, respectivamente, por onde, no período imediatamente anterior, haja sido eleito. A República Federativa do Brasil é formada pela união indissolúvel dos Estados e Municípios e do Distrito Federal (CF, art. 1º). Nesse sentido, dá-se necessária relação de implicação entre as idéias de *territorialidade ou de circunscrição eleitoral* e *eleição para obter mandato representativo*.

José Afonso da Silva, sobre o sistema majoritário, anota que, por esse sistema, "a representação, em dado território (circunscrição ou distrito), cabe ao candidato ou candidatos que obtiverem a maioria (absoluta ou relativa) dos votos", acentuando, no que concerne ao sistema proporcional, que, por ele, "pretende-se que a representação, *em determinado território* (circunscrição), se distribua em proporção às correntes ideológicas ou de interesse integradas nos partidos políticos concorrentes". E acrescenta: "Daí se vê que esse sistema, em princípio, só é compatível com circunscrições eleitorais amplas em que se devem eleger vários candidatos (...)" (*in Curso de Direito Constitucional Positivo*, 10ª ed. revista, Malheiros Editores, 1994, págs. 352 e 354).

Dessa maneira, a noção de *reeleição* de membro de qualquer das Casas do Congresso Nacional não prescinde do requisito da *territorialidade ou da circunscrição eleitoral*, que formam cada Estado da Federação e o Distrito Federal, *por onde se elegeu*. Para quem for titular de mandato legislativo federal, conquistado em determinado Estado ou no Distrito Federal, sua reeleição significará renovação desse mandato, por mais um período subseqüente, *no mesmo Estado ou no Distrito Federal*. De contrário, se houver transferido domicílio eleitoral para outra Unidade da Federação e, aí, concorrer, não cabe falar em reeleição, ou seja, em renovação do mandato obtido anteriormente no Estado ou no Distrito Federal donde provenha. Tratar-se-á, então, de mandato novo, alcançado nessa outra circunscrição eleitoral, quer pela vez primeira, quer em período que não seja o imediatamente anterior.

Há, dessa sorte, na compreensão do § 7º do art. 14 da Constituição, necessidade de apreciar *simultaneamente* as duas cláusulas, no dispositivo, insertas, quais sejam, *"no território da jurisdição do titular"* e *"candidato à reeleição"*. Assim, não há inelegibilidade para o cônjuge ou parente, consangüíneo ou afim, até o segundo grau, ou por adoção, de Governador de Estado ou do Distrito Federal, se se cuida da renovação de seu mandato parlamentar, conquistado anteriormente à investidura do Governador, na mesma circunscrição eleitoral, ou seja, no território do Estado ou do Distrito Federal. A tanto corresponde pleitear a reeleição parlamentar, que é renovação do mandato obtido no pleito anterior, na mesma área territorial, estadual ou distrital.

Na exegese do art. 14, § 7º, da Constituição, tem decidido o TSE que a elegibilidade é irrestrita, "no território da respectiva jurisdição", desde que o candidato, cônjuge ou parente, seja titular de mandato eletivo e pretenda a reeleição, bem assim para qualquer cargo eletivo, se candidato ou não à reeleição, desde que fora do território de jurisdição do titular (Resolução nº 15.120, de 21.3.89; Resolução nº 15.170, de 6.4.89, e Resolução nº 15.284, de 30.5.89).

Também, na Resolução nº 15.284, de 30.5.89, afirmou-se que a cláusula "e candidato à reeleição" "refere-se somente ao mandato da mesma natureza do possuído". Acolheu-se, no ponto, este passo do parecer da Procuradoria-Geral Eleitoral: "Reeleição é recondução para o mesmo cargo. Assim define a Enciclopédia

Saraiva: 'Possibilidade de recondução a cargo eletivo ocupado no período imediatamente anterior à eleição'."

Desse modo, consoante se registrou acima, o parlamentar federal - Deputado ou Senador - exerce mandato obtido em eleições em certa circunscrição estadual ou do Distrito Federal. Não se trata de mandato conferido pela universalidade do eleitorado nacional. A reeleição de parlamentar federal implica continuidade do mandato "imediatamente anterior à eleição", alcançado em uma circunscrição eleitoral estadual ou do Distrito Federal. Só, aí, cabe falar em renovação do mandato ou recondução ao mesmo cargo. Não há cogitar de reeleição de Deputado Federal ou Senador, que exerçam mandato por um Estado da Federação ou pelo Distrito Federal, se pretendem eleger-se Deputado Federal ou Senador por unidade federativa diversa. Não se configura, aí, renovação do mandato representativo, que o parlamentar vem exercendo, pois isso pressupõe pronunciamento do corpo eleitoral da *mesma circunscrição* que, no pleito imediatamente anterior, o elegeu.

Assim sendo, se o parlamentar federal, detentor de mandato por uma Unidade Federativa, transferir seu domicílio eleitoral para Estado ou o Distrito Federal, onde cônjuge ou parente, consangüíneo ou afim, até o segundo grau, ou por adoção, for Governador, torna-se inelegível, "no território da respectiva jurisdição", por não se encontrar, então, em situação jurídica de reeleição, embora detentor de mandato parlamentar federal. A reeleição a que alude a parte final do § 7º do art. 14 da Constituição, repita-se, para concluir, pressupõe, assim, renovação do mandato de que o parlamentar seja titular, na *mesma* circunscrição estadual ou do Distrito Federal onde foi eleito.

Nesse sentido, recentemente, o TSE respondeu à Consulta nº 346 (Resolução nº 19.970, a 18.9.97).

De outra parte, na Resolução nº 19.973 (Consulta nº 331-DF), a 23.9.97, relator o ilustre Ministro Maurício Corrêa, o Tribunal, por unanimidade, afirmou: "o advento da Emenda Constitucional nº 16/97, que alterou o art. 14, § 5º, da Constituição Federal, para permitir a reeleição do titular do mandato de chefe do Poder Executivo, não produz modificação na disciplina constitucional referente ao seu cônjuge e parentes, que continuam inelegíveis no território de sua jurisdição", nos termos do § 7º do art. 14 da Lei Maior, acolhendo-se entendimento quanto a não se haver, à evidência, revogado a norma em foco, com a superveniência da Emenda Constitucional nº 16/97.

Na Resolução nº 17.783, a 17.12.91, o TSE respondeu a consulta, nestes termos:

"Inelegibilidade. Prefeito eleito. Parentesco consanguíneo ou afim (CF, art. 14, parágrafo 7º). Reiterada a jurisprudência do Tribunal no sentido da inelegibilidade dos parentes ao cargo de Prefeito, no território de jurisdição do titular, ainda que tenha ocorrido afastamento definitivo do cargo, por qualquer motivo, a qualquer tempo, antes das eleições (Precedentes: Resoluções nºs. 13.693, 14.077, 14.288 e 14.494).
Respondida negativamente."

Na mesma linha, a Resolução nº 18.117, a 5.5.92.

Na Resolução nº 17.565, reconheceu-se a elegibilidade do cônjuge e parentes aludidos no art. 14, § 7º, da Constituição, *para cargo eletivo diverso*, desde que ocorresse desincompatibilização definitiva do titular nos seis meses anteriores ao pleito (Precedentes: Resoluções nºs. 15.120 e 15.284/89).

Na Resolução nº 17.901, a 10.3.92, relator o Ministro Sepúlveda Pertence, a Corte decidiu:

"Inelegibilidade: O cunhado do Prefeito-parente por afinidade, em segundo grau - é inelegível à sucessão dele (CF, art. 14, parág. 7º).

Inelegibilidade absoluta e inafastável do cônjuge e parentes até o segundo grau dos Chefes do Poder Executivo, desde que candidatos aos mesmos cargos, no mesmo território de jurisdição do titular (Resoluções TSE nº 15.120, de 21.3.89; nº 17.574, de 5.9.91, e nº 17.725, de 28.11.91).

Inelegibilidade absoluta que não se afasta ainda que tais parentes, consangüíneos ou afins, sejam filiados a diferentes partidos (Resolução TSE nº 11.319, de 15.6.82)."

Na Resolução nº 18.117, relator o Senhor Ministro Sepúlveda Pertence, explicitou-se que não importa, para os efeitos de inelegibilidade de parentes, *ao mesmo cargo*, a motivação do afastamento de quem exerceu o cargo, anotando-se: "O exercício da função, por qualquer tempo, no período imediatamente anterior às eleições, é o suficiente para o impedimento (Precedente: Consulta nº 8.689/87)".

Na Resolução nº 14.130, de 3.2.94, relator o Ministro Torquato Jardim, o TSE respondeu a Consulta, afirmando que irmão de Governador de Estado pode ser candidato a deputado federal nas próximas eleições, havendo renúncia do Governador no prazo do parágrafo 6º do art. 14 da Constituição. Na Resolução nº 18.804, a 26.11.92, reiterou-se, nessa mesma linha, que, salvo renúncia do Governador, até seis meses antes do pleito, seu filho é inelegível para senador na mesma unidade federativa (CF, arts. 14, §§ 6º e 7º). Também, na Resolução nº 19.492, de 28.3.96, afirmou-se, no mesmo sentido, que os parentes consangüíneos ou afins de governador, até o segundo grau, são inelegíveis para cargo eletivo nos municípios que integram o Estado, salvo desincompatibilização definitiva do titular, até seis meses antes do pleito ou se já detentores do cargo eletivo e candidatos à reeleição. É de reacentuar que na Resolução 19.316, a 27.6.95, o TSE, diante do art. 14, § 7º, da Lei Maior, decidiu que "há inelegibilidade absoluta e inafastável, em se tratando da sucessão do pai".

Vale notar que, após a Emenda Constitucional nº 16/97, a Corte, na Resolução nº 19.992, a 9.10.97, depois do que assentara na Resolução nº 19.973, agora relator o ilustre Ministro Costa Leite, respondeu a Consulta, acerca da inelegibilidade do art. 14, § 7º, da Constituição, constando da ementa da Resolução:

> "A Emenda de reeleição em nada alterou a inelegibilidade decorrente de parentes. Portanto, o filho de Governador, ao postular cargo eletivo, sujeita-se a inelegibilidade prevista no art. 14, parágrafo 7º, da Constituição Federal."

Também, na Resolução nº 19.970, de 18.9.97, deliberou a Corte Eleitoral na mesma linha.

5. Reeleição do Chefe do Poder Executivo

Não-exigência de afastamento do cargo

A Emenda Constitucional nº 16, de 4.6.97, veio alterar a regra do § 5º do art. 14 da Lei Magna, para afastar a inelegibilidade de Presidente da República, de Governadores de Estado e do Distrito Federal e de Prefeitos, bem assim de quem os haja sucedido ou substituído nos seis meses anteriores ao pleito. O preceito constitucional (art. 14, § 5º) deixou de dispor sobre inelegibilidade, tal como previa a redação original, em conformidade com a tradição constitucional republicana no Brasil. A Emenda Constitucional nº 16/97 eliminou a inelegibilidade dos titulares de Chefia do Executivo, nos planos federal, estadual, distrital e municipal, prevendo, ao contrário da norma alterada, *regra de elegibilidade*. Estabelece o § 5º do art. 14 da Constituição, na redação da Emenda Constitucional nº 16/97:

"Art. 14

...

§ 5º O Presidente da República, os Governadores de Estado e do Distrito Federal, os Prefeitos e quem os houver sucedido ou substituído no curso dos mandatos, poderão ser reeleitos para um único período subseqüente."

Diversamente da redação anterior, que continha norma de proibição (restrição integral) de elegibilidade, o que vale dizer, regra de inelegibilidade, insuscetível de ser afastada, a disposição em vigor do § 5º do art. 14 da Constituição consagra preceito positivo de elegibilidade, assegurando aos detentores dos cargos nele mencionados a condição de elegíveis ao mesmo cargo ocupado, para o período subseqüente. Nisso reside o núcleo fundamental do comando contido na norma do § 5º do art. 14 da Constituição, na redação atual, ou seja, tornar viável aos titulares da Chefia do Executivo concorrer a outro mandato, imediatamente, ou seja, para o período subseqüente. Decerto, não altera a natureza da norma aludida, na redação resultante da Emenda Constitucional nº 16/97, a circunstância de a elegibilidade estar assegurada para um único período. De qualquer sorte, não há falar em inelegibilidade, quando a norma, sem outra condição, assegura capacidade de concorrer ao mesmo cargo eletivo em cujo exercício se encontre, no período subseqüente.

Ora, se não se trata, na hipótese do § 5º do art. 14 da Constituição, na redação da Emenda Constitucional nº 16/97, de caso de inelegibilidade, não cabe, na espécie, indagar de *desincompatibilização*, forma de desvencilhar-se da inelegibilidade "*a tempo de concorrer à eleição cogitada*".

Com efeito, como ensina José Afonso da Silva, "o candidato que incidir numa regra de inelegibilidade relativa deverá desincompatibilizar-se no prazo estabelecido, de sorte que, no momento em que requer o registro de sua candidatura, se encontre desembaraçado, sob pena de ver-se denegado o registro". E acrescenta: "O cônjuge e o parente inelegível ficam em posição incômoda, porque não são eles que estão na condição de desincompatibilização; nada podem fazer, por si, senão pressionar o cônjuge ou parente titular do cargo, para que renuncie a este, a fim de desvencilhá-los do embaraço. Em algumas hipóteses, a desincompatibilização só se dará com afastamento definitivo da situação funcional em que se ache o candidato, ou o cônjuge ou parente. Noutras, basta o licenciamento" (op. cit., 10ª ed., pág. 373).

Anotou, nesse sentido, o ilustre Ministro Celso de Mello, in *Constituição Federal Anotada*, Saraiva, 1984, pág. 313: "A exigência de desincompatibilização, que se atende pelo afastamento do cargo ou função, só existe para aqueles que, por força do preceito constitucional ou legal, forem considerados inelegíveis". No mesmo sentido, afirmou o TSE em decisão constante do Boletim Eleitoral 369/242.

A jurisprudência do TSE, em realidade, tem estabelecido correlação entre *inelegibilidade* e *desincompatibilização*, não cabendo invocar necessidade de desincompatibilização quando a situação funcional detida pelo candidato não constitui caso de inelegibilidade, assim prevista na Constituição ou na Lei das Inelegibilidades (Res. nº 18.136, de 12.05.92; Ac. nº 12.761, de 24.09.92; Res. nº 14.349, de 30.06.88; Res. nº 12.505, de 04.02.86 e Res. nº 11.208, de 13.04.82).

Não se tratando, após a Emenda Constitucional nº 16/97, de caso de inelegibilidade o que se contém na nova redação do § 5º do art. 14 da Constituição, mas, sim, de hipótese em que se garante elegibilidade dos Chefes dos Executivos federal, estaduais, distrital e municipais, para o mesmo cargo, no período subseqüente, bem de entender é que não cabe, aqui, falar em desincompatibilização para concorrer ao segundo mandato, assim constitucionalmente autorizado. O afastamento do cargo de Presidente da República, de Governador de Estado e do Distrito Federal e de Prefeito não constitui condição para a elegibilidade prevista no § 5º do art. 14 da Constituição, na redação da Emenda Constitucional nº 16/97. Não veio a ser acolhida qualquer das propostas de Emenda, nesse sentido, apresentadas no Congresso Nacional. Não afasta a conclusão o fato de o projeto de Emenda Constitucional nº 1, de 1995, do nobre Deputado Mendonça Filho, possuir esta redação:

"§ 5º O Presidente da República, os Governadores de Estado e do Distrito Federal, os Prefeitos e quem os houver sucedido ou substituído no curso do mandato poderão ser reeleitos por um período imediatamente subseqüente e *concorrer no exercício do cargo.*"

Possuía, nessa linha, a proposta de Emenda à Constituição nº 1/95, à sua vez, a seguinte motivação:

"O art. 14 da Constituição Federal, em seu § 5º, proíbe a reeleição do Presidente da República, dos Governadores de Estado e do Distrito Federal, dos Prefeitos, e de quem os houver substituído seis meses antes do pleito.

Durante o período de revisão constitucional, recentemente concluído, cerca de oitenta proposições apresentadas sugeriram a modificação desse dispositivo. É importante ressaltar que, destas, 40% visavam não apenas a possibilitar a reeleição para cargos executivos, como também entendiam ser inconsistente a manutenção, em tal caso, da exigência da renúncia prévia, assim como da inelegibilidade dos substitutos.

A exigência da renúncia prévia pode, com efeito, impedir a continuidade administrativa. A obrigatoriedade de renúncia do substituto implica, por outro lado, a formação de uma segunda chapa para a reeleição, o que tumultua o processo de negociação intrapartidária para a escolha de candidaturas.

Entendemos que o amadurecimento do processo democrático passa pelo instituto da reeleição, entendido este aqui como um fator importante da constituição de corpos administrativos estáveis. À população brasileira deve ser dada a opção de decidir pela continuidade de uma administração bem sucedida, como já acontece na maioria dos países. Além disso, cria-se, com isso, a efetiva possibilidade de se levar a efeito o cumprimento de metas governamentais de médio prazo, o que se torna praticamente impossível no sistema atual.

Diante do exposto, e na certeza de contar com o apoio dos nobres pares, apresentamos a presente Proposta de Emenda à Constituição Federal, a qual permite não só a reeleição, por um período subseqüente, dos titulares de cargos do Poder Executivo, como também lhes outorga o direito de concorrer no exercício do cargo."

Certo não se manteve na Câmara dos Deputados a cláusula final do Projeto: "*e concorrer no exercício do cargo*".

De considerar, todavia, de outra parte, no ponto, é que o tema da desincompatibilização, na aplicação do novo instituto da reeleição, esteve, também, posto ao debate do Congresso Nacional, não merecendo acolhida. O Relator, no Senado Federal, Senador Francelino Pereira, anotou que a desincompatibilização "compromete a essência da norma da reelegibilidade, para novo e consecutivo mandato" (*in Reeleição*, ed. Senado Federal, 1997, pág. 19).

Nesse sentido, exame dos comemorativos da elaboração da Emenda Constitucional nº 16/97 evidencia que a vontade do legislador constituinte derivado prevaleceu no sentido de emprestar à emenda da reeleição o caráter institucional de que se reveste, alterando preceito tradicional de nosso sistema republicano, para implantar experiência já conhecida por nações como os Estados Unidos da América, França, Portugal e Argentina, países onde se pratica a reeleição sem afastamento dos titulares dos cargos de Presidente da República.

Pelos fundamentos antes aludidos, não se tendo, na Emenda Constitucional nº 16/97, mantido hipótese de inelegibilidade, mas, ao contrário, criado caso de elegibilidade, não se fazia mister prazo de desincompatibilização, o que é próprio das situações em que o afastamento do cargo ou função se torna indispensável, no prazo previsto na Constituição ou na Lei das Inelegibilidades, para desobstruir a inelegibilidade. A exigência de afastamento do cargo, na hipótese definida no § 5º do art. 14 da Constituição, com a redação em vigor, como condição da elegibilidade na norma prevista, somente seria, assim, cabível, se resultasse de cláusula expressa na Constituição. A circunstância de não figurar, no texto, a autorização para concorrer, permanecendo o titular no exercício do cargo, apenas confirma a natureza da regra introduzida no § 5º do art. 14 da Constituição pela Emenda Constitucional nº 16/97, qual seja, *norma de elegibilidade*. De fato, em se cuidando de norma concernente a *elegibilidade*, dispensável era cláusula de permanência; o que se impunha, ao contrário, seria disposição determinante do afastamento do titular, se e quando houvesse isso de ser exigido. Repita-se: desincompatibilização pressupõe existência de inelegibilidade, o que não se configura na regra do § 5º do art. 14 da Constituição, na redação atual.

Ora, nem na Câmara dos Deputados, nem no Senado Federal, prevaleceu proposta de emenda de inserção de comando nesse sentido. No ensaio antes citado, a Professora Mônica Caggiano, na parte conclusiva de sua exposição, anotou (op. cit., pág. 9):

> "d) entendemos, em suma, que cada um dos casos de restrição ao direito de elegibilidade, delineados pela Lei Maior e detalhados pela Lei Complementar nº 64/90, deve ser aplicado na exata extensão do próprio preceito. Daí que, eventual imposição pertinente à desincompatibilização, visando a candidatura à reeleição, encontraria abrigo na ordem jurídica se introduzida por via de texto constitucional expresso. Isto porque não seria por demais invocar novamente a lição dos mestres: qualquer

limite à elegibilidade não se presume; há de vir, de forma clara e explícita, expresso no Estatuto Fundamental."

Releva ainda conotar que se tem sustentado a necessidade da desincompatibilização aludida, estabelecendo-se confronto entre os §§ 5º e 6º do art. 14 da Constituição, possuindo o último sua redação original. Dá-se, porém, que o § 6º do art. 14 da Constituição disciplina caso de inelegibilidade, prevendo-se prazo de desincompatibilização. Desde o advento da Emenda Constitucional nº 16/97, o § 5º do art. 14 da Lei Maior passou, como se aludiu, a reger hipótese de *elegibilidade*, com disciplina específica, não sendo, em conseqüência, possível invocar, a seu respeito, a regra de desincompatibilização constante do § 6º do mesmo art. 14 da Lei Magna. De outra parte, qual também já se registrou, dos debates parlamentares e das deliberações do Congresso Nacional, em torno da Proposta de Emenda, de que resultou a Emenda Constitucional nº 16/97, a permanência dos titulares em alusão nos cargos, mesmo se candidatos à reeleição, parece ter sido considerada, ademais, como medida de conveniência, em ordem a não ocorrer interrupção da ação administrativa dos governos por eles chefiados.

Assim, no Senado Federal, as Emendas nºs 2, 5 e 6, ao Projeto originário da Câmara dos Deputados, referente à Emenda Constitucional nº 16/97, foram recusadas. Nelas se pretendia o afastamento dos titulares dos cargos executivos em foco, pretendentes à reeleição, à semelhança do disposto no § 6º do mesmo art. 14.

Discorrendo em seu relatório sobre essas emendas ao Projeto, o ilustre Senador Francelino Pereira anotou, em publicação feita pelo Senado Federal, sob o título *Reeleição*, págs. 24/25:

"As Emendas nºs 2 e 6, dos ilustres Senadores Antônio Carlos Valadares e Josaphat Marinho, respectivamente, são idênticas e acrescentam a exigência de renúncia prévia ao princípio da reeleição, ao modificar o § 6º do art. 14 da Constituição, mediante a introdução da expressão 'ao mesmo ou' entre as expressões 'concorrerem' e 'outros cargos'. Isso significa, na prática, que a desincompatibilização, inalterada na emenda da reeleição para o Presidente, os Governadores e os Prefeitos concorrerem a outros cargos, constitui exigência também para a reeleição.

A renúncia ao cargo de Chefe do Executivo seis meses antes da eleição significará um vácuo administrativo de cerca de nove meses, pois é muito provável que a grande maioria dos Vice-Prefeitos, Vice-Governadores, Presidente da Câmara dos Deputados e do Senado Federal, e até mesmo o Vice-Presidente da República, também se desincompatibilizem para não se tornarem inelegíveis, sendo substituídos pelos Presidentes de Tribunais, não havendo, no entanto, equivalente quando se tratar de Município em que o Presidente da Câmara Municipal não queira assumir o cargo de Prefeito.

A emenda do ilustre Senador Jefferson Péres (Emenda nº 5) é, no entanto, substancialmente diferente quanto à substituição do titular que se desincompatibilizar para concorrer à reeleição. Acrescenta dois incisos ao § 5º do art. 14, o primeiro, para determinar a necessidade de desincompatibilização, até sessenta dias antes das eleições, e o segundo, para estabelecer a forma de substituição para esses casos. Outra alteração importante proposta nesta emenda é a que determina a volta dos licenciados somente após proclamados os resultados finais das eleições pela Justiça Eleitoral.

Tal alteração, combinada com emenda ao art. 79, altera radicalmente a linha de substituição do Presidente da República, dos Governadores e dos Prefeitos. Assim, o Presidente da República será substituído pelo Presidente do Supremo Tribunal Federal, os Governadores serão substituídos pelo Presidente do respectivo Tribunal de Justiça e os Prefeitos pelo Juiz mais antigo da comarca e, quando não houver, por Juiz designado pelo Presidente do Tribunal de Justiça.

Não obstante a preocupação do ilustre Senador Jefferson Péres com o uso da máquina administrativa, cabe lembrar que ela incorre nos mesmos problemas já apontados, embora por um tempo menor, cerca de quatro meses, principalmente quanto ao desvio de função de milhares de Juízes, inexistentes ou insuficientes em muitas comarcas, que também respondem pela Justiça Eleitoral, a qual tem sua maior atividade justamente nesse período de realização dos pleitos eleitorais.

Efetivamente, a exigência da desincompatibilização, independentemente de como seja feita a substituição do titular, compromete a essência da norma da reelegibilidade para novo e consecutivo mandato.

Opino, portanto, pela rejeição das Emendas nºs 2, 5 e 6."

No que concerne ao tratamento dispensado a Governadores e Prefeitos, *ad instar* do Presidente da República, observou o ilustre Senador Francelino Pereira, no trabalho referido, pág. 39:

"A extensão da reeleição aos Governadores e aos Prefeitos e o tratamento igual conferido ao Presidente da República, aos Governadores de Estado e aos Prefeitos, dispensando a desincompatibilização desses titulares é regra que decorre da estrutura da República Federal, impondo regulação idêntica, nessa matéria, aos entes que formam a República Federativa (Constituição, art. 1º), sob pena de incorrer na lesão funesta do *equilíbrio federativo*."

Não cabe, à evidência, neste âmbito de exame da matéria, discutir se o instituto da reeleição, na redação atual, *ut* art. 14, § 5º, da Constituição, deveria ou não ter sido implantado, eis que ao Congresso Nacional, em amplo debate, esteve reservado tal juízo político, soberano. Decerto, preocupações históricas quanto à reeleição são identificadas nas considerações de constitucionalistas e políticos. Não é, assim, possível esquecer, aqui, a grave advertência de João Barbalho, quanto ao dispositivo da Constituição de 1891, que vedava a reeleição do Presidente da República:

> "A expectativa de nova eleição para o seguinte período presidencial pode ser um grande estímulo ao presidente, a fim de que moureje por tornar-se, no exercício do cargo, um benemérito da nação. E a reeleição pode aproveitar um caráter provado em dificultosa comissão e uma experiência adquirida com vantagem para o bem público.
> Mas é preciso não esquecer que trata-se de uma organização política cujo gonzo é a eleição, meio de se manifestar e influir na direção dos negócios públicos a opinião soberana do país. E para que esta se manifeste livremente e possa exercer essa influência é indispensável garantir o voto. Uma das principais garantias é, pela incompatibilidade, arredar do pleito eleitoral, certos funcionários, cuja alta e extensa autoridade pode ser empregada em prejuízo da liberdade do votante.
> De que poderosos meios não poderá lançar mão o presidente que pretender se fazer reeleger?
> Admitir presidente candidato é expor o eleitorado à pressão, corrupção e fraude na mais larga escala. Já de si a eleição presidencial engendra no país agitação não pequena e temerosa; e o que não se dará quando o candidato for o homem que dispõe da maior soma de poder e força, pela sua autoridade, pelos vastos recursos que pode pôr em ação para

impor a sua reeleição?! E que perturbação na administração pública, e que enorme prejuízo para o país no emprego de elementos oficiais com esse fim? Não há incompatibilidade pois mais justificada." (*apud Constituição Federal Brasileira, Comentários*, 1902, edição do Senado Federal, 1992, pág. 166)

É de esperar, todavia, que, com a disciplina legal editada (Lei nº 9.504, de 30.9.97), bem assim com a boa aplicação pela Justiça Eleitoral dos mecanismos atuais existentes de controle dos pleitos eleitorais, o processo sucessório, quer no plano federal, quer nos estaduais, distrital e municipais, mesmo quando concorram titulares da Chefia do Executivo a um mandato subseqüente, *ut* art. 14, § 5º, da Constituição de 1988, na redação atual, não padeça dos males do abuso do poder econômico, bem assim do abuso do poder de autoridade. A experiência dirá se a mudança foi positiva como apregoaram os defensores da reeleição no Congresso Nacional.

No exame do ponto, entretanto, diante do sistema implantado e à vista dos princípios aludidos, não parece, efetivamente, possível exigir o afastamento definitivo do Presidente, dos Governadores e dos Prefeitos, para concorrerem à reeleição (CF, art. 14 § 5º), os quais, é certo, se candidatos, deverão submeter-se aos rigorosos termos da lei eleitoral e ao efetivo controle a ser exercido, pela Justiça Eleitoral brasileira, sobre o processo das correspondentes eleições, como há de suceder com os demais competidores.

Quanto a não ser necessário o afastamento dos titulares dos cargos executivos para concorrerem à reeleição, com base no art. 14, § 5º, da Lei Maior, na redação da Emenda Constitucional nº 16/97, decidiu, por unanimidade, o Tribunal Superior Eleitoral, a 2.9.97, nas Consultas nº 327 (Resolução nº 19.952), 328 (Resolução nº 19.953), 332 (Resolução nº 19.954) e 338 (Resolução nº 19.955).

Também o Supremo Tribunal Federal, em sessão de 26/03/98, no julgamento da Medida Cautelar na Ação Direta de Inconstitucionalidade nº 1805-1/600 - DF, em que autores o Partido Democrático Trabalhista, o Partido dos Trabalhadores, o Partido Comunista do Brasil e o Partido Liberal, apreciou a matéria referente à necessidade de afastamento de Chefe do Poder Executivo, candidato à reeleição, nos termos autorizados pela Emenda Constitucional nº 16/97. Não conheceu da ação, na parte em que se argüia a inconstitucionalidade da interpretação do § 5º do art. 14 da Lei Maior, na redação da Emenda Constitucional nº 16/97, nos termos das Resoluções nºs 19.952, 19.953, 19.954 e 19.955, relativas às Consultas nºs 327, 328, 332 e 338, respectivamente, do Tribunal Superior Eleitoral, antes mencionadas. Reafirmou o STF sua jurisprudência quanto ao não-cabimento de ação direta de inconstitucionalidade contra resoluções do TSE, em processo de consulta, com base no art. 23, XII, do Código Eleitoral. Cuida-se, aí, de exercício de competência materialmente administrativa, não se revestindo a deliberação da Corte Eleitoral de caráter vinculativo ou obrigatório. Anotou-se que a resposta à consulta não obriga quer o consulente, quer terceiros, nem dela coisa julgada resulta, não se caracterizando, assim, a resolução como ato normativo, suscetível de controle concentrado de inconstitucionalidade, *ut* art. 102, I, letra *a*, da Constituição Federal. A resposta à consulta, em torno da exegese de determinada norma, traduz, é certo, a compreensão da Corte, em abstrato, sobre a matéria eleitoral em exame, mas não se erige em deliberação ou disposição de caráter imperativo, como é da natureza da norma jurídica ou do ato normativo *stricto sensu*. Pretende-se, de outra parte, na ADIN nº 1805-1/600 - DF, a declaração de inconstitucionalidade da interpretação do § 5º do art. 14 da Constituição, na redação atual, em que se reconhece a dispensa de afastamento do cargo do titular para concorrer à reeleição, postulando se lhe confira "interpretação conforme a Constituição Federal", "intencionando fixar exegese segundo a qual se aplica, a esse dispositivo, a mesma condição de elegibilidade contida na parte final do § 6º do art. 14 da Carta Magna", ou seja, a necessidade de renúncia, seis meses antes do pleito. Sustenta-se, nessa demanda, contrariamente à interpretação atacada, que ela ofende "os princípios constitucionais da proporcionalidade e razoabilidade das normas, bem como os princípios constitucionais explícitos da isonomia aplicada ao processo eleitoral, da moralidade na administração pública e do pluripartidarismo". Em primeiro lugar, considerou o STF, no julgamento aludido, que, em se tratando de norma constitucional oriunda de emenda à Constituição, o controle de sua validade somente se pode dar, além do aspecto de inconstitucionalidade formal, quando demonstrada violação ao art. 60, § 4º, da Lei Maior, ou seja, ofensa a "cláusula pétrea". Tal já foi reconhecido pelo STF, no julgamento da ADIN 939 - DF (RTJ 151/755). No caso, julgou a Corte não demonstrada vulneração de qualquer dos incisos do § 4º do art. 60 da Constituição, pelo § 5º do art. 14, na redação introduzida pela Emenda Constitucional nº 16/97, tendo em conta, ainda, que a pretendida interpretação levaria a criar, no processo de reeleição, cláusula restritiva de direito político não prevista, expressamente, no texto constitucional novo em exame. Considerou, ademais, o Tribunal, na oportunidade, apenas contra o voto de um de seus membros, que a tese sustentada pelos autores de ofensa aos princípios da proporcionalidade, da razoabilidade, da isonomia e da moralidade na administração, com invocação do art. 60, § 4º, IV, combinado com o art. 5º, § 2º, ambos da Constituição, pela interpretação que dispensa a renúncia, seis meses antes do pleito, não possuía a relevância jurídica necessária a justificar a concessão da medida liminar. Reveste-se, no ponto, de maior ênfase a conclusão, na medida em que se cuida de norma constitucional, cuja invalidade material pressuporia ofensa direta à *cláusula pétrea*, como definida no art. 60, § 4º, IV, da Constituição, não cabendo introduzir, na regra do § 5º de seu art. 14 em vigor, restrição ao exercício de direito nela previsto, como norma de elegibilidade que é. Não seria admissível, por último, a pretendida interpretação conforme a Constituição, máxime de dispositivo constitucional, fora dos limites da própria expressão literal do texto, onde o constituinte derivado não quis introduzir a exigência sustentada na ação. A exegese defendida pelos autores violentaria, assim, "a estrutura verbal do preceito", na expressão de Gilmar Ferreira Mendes (*in Controle de Constitucionalidade - Aspectos jurídicos e políticos*, ed. Saraiva, 1990, pág. 287), o que não é viável, de uma forma geral, no uso adequado do recurso à interpretação conforme a Constituição, sem redução de texto. Se o constituinte da Emenda Constitucional nº 16/97 deveria ter incluído a cláusula do afastamento definitivo do titular, mediante renúncia, seis meses antes da eleição, tal como a matéria foi efetivamente discutida no Congresso Nacional, ou não, resultou isso de decisão política, que não pode ser, aqui, confrontada, a ponto de alterar-se o conteúdo do preceito constitucional, por via de uma interpretação da norma que lhe altera a redação, em nela introduzindo exigência correspondente àquela que se contém na parte final do § 6º do mesmo art. 14 da Lei Maior, ao cuidar de hipótese distinta, com objeto e fundamento próprios. Certo está que não é possível corrigir o dispositivo do § 5º do art. 14 da Constituição, por meio da exegese desejada pelos autores da ADIN nº 1805, em juízo de controle abstrato de constitucionalidade, onde o STF desempenha função de legislador negativo, e não de legislador positivo, para exigir, restringindo o direito resultante da norma, a renúncia em foco, não estabelecida como condição pelo constituinte derivado, em ordem a titular do cargo concorrer à reeleição.

6. Reeleição e situação de Vice-Presidente, Vice-Governador e Vice-Prefeito

Quanto à *situação dos titulares de cargos de Vice-Presidente, Vice-Governador e Vice-Prefeito, em face da Emenda Constitucional nº 16/97*, não há de ser diferente da dos respectivos titulares.

Na aplicação do § 5º do art. 14 da Constituição, em sua redação original, o TSE adotou jurisprudência no sentido da *íntima vinculação* entre os titulares do Poder Executivo e o respectivo "Vice". Neste sentido, tinha-se como assente entendimento segundo o qual o Prefeito não podia candidatar-se a Vice-Prefeito, no mesmo Município, para o período subseqüente, orientação essa confirmada pelo Supremo Tribunal Federal, em vários julgados. Assim, no Recurso Extraordinário nº 158.564-1-AL, a 9.3.93, relator o ilustre Ministro Celso de Mello, o STF decidiu, em acórdão de cuja ementa se destaca, *verbis:*

"A inelegibilidade do Prefeito municipal que pretende candidatar-se a Vice-Prefeito do mesmo município, para o período administrativo subseqüente, subsiste plenamente, ainda que o seu afastamento definitivo da chefia do Executivo local tenha ocorrido no semestre anterior à realização das eleições.
- A interpretação teleológica do art. 14, § 5º, da Constituição, objetiva impedir que se consume qualquer comportamento fraudulento que, lesando

o postulado da irreelegibilidade do Prefeito municipal, viabilize, ainda que por via indireta, o acesso do Chefe do Poder Executivo local a um segundo mandato, cujo exercício, em período imediatamente sucessivo, lhe é categoricamente vedado pela norma constitucional."

Sustentava-se, então, que, podendo o Prefeito candidatar-se a outro cargo, *ut* § 6º do art. 14 da Constituição, desde que deixasse o cargo seis meses antes, e sendo "outro" o cargo de Vice-Prefeito, nenhum óbice constitucional existiria à candidatura.

No acórdão, acolheu o Supremo Tribunal Federal este passo do parecer da Procuradoria-Geral da República incorporado ao voto condutor do aresto:

"5. A vedação para que o Prefeito venha a concorrer, no pleito seguinte, ao cargo de Vice-Prefeito do mesmo Município está contida na regra (art. 14, § 5º, da CF/88) que o considera inelegível para o mesmo cargo, no período subseqüente. Tal afirmativa é feita sem qualquer ofensa ao critério que recomenda a interpretação estrita da regra restritiva de direitos. Como se sabe, a atribuição ordinária do cargo de Vice-Prefeito é exclusivamente a de substituir o Prefeito Municipal, em suas faltas e impedimentos. Tal circunstância revela a absoluta relação de dependência do cargo de Vice-Prefeito ao de Prefeito Municipal. Trata-se, portanto, de cargo que, pela sua natureza, coloca o seu titular na condição de potencial exercente da Chefia do Executivo Municipal.
6. O princípio constitucional da irreelegibilidade dos Chefes do Poder Executivo, que veda a recondução ao exercício de mandato igual ao anterior, não exige observância apenas sob o aspecto formal, vale dizer, seu ditame há de ser substancialmente observado. Disso decorre que a expressão *'para os*

mesmos cargos', constante do § 5º do art. 14 da Constituição Federal, deve abranger não apenas os que ostentam a mesma denominação (Presidente, Governador e Prefeito) mas também aqueles que, a despeito da denominação diversa (Vice-Presidente, Vice-Governador e Vice-Prefeito), têm como atribuição ordinária (senão exclusiva) o potencial exercício das funções próprias daqueles cargos.

7. É essa aptidão, natural e ordinária, do titular do cargo de Vice-Prefeito ao exercício das atribuições próprias do cargo de Prefeito que justifica a compreensão no sentido de que o Chefe do Poder Executivo Municipal não pode concorrer, no pleito subseqüente, ao cargo de Vice-Prefeito. Tal conclusão, que não caracteriza interpretação ampliativa, impõe-se como conseqüência substancial que se deve dar ao princípio da irreelegibilidade dos Chefes do Poder Executivo.

8. O § 6º do art. 14 da Constituição Federal também não foi ofendido. A expressão 'a outros cargos' há de compreender apenas os cargos que, além de possuírem denominação diversa, tenham atribuições diferentes, sem o que ficaria vulnerável o princípio da irreelegibilidade em questão, ante a possibilidade de ataque por via reflexa.

9. Por fim, o § 9º do art. 14 da Constituição, igualmente, não foi contrariado. É que, ao admitir como compreendida no § 5º, do art. 14, a vedação do Prefeito candidatar-se a Vice-Prefeito no pleito seguinte, no mesmo município, o acórdão recorrido não criou inelegibilidade não prevista na Constituição Federal ou em Lei Complementar. A decisão apenas deu a exata dimensão do alcance da referida regra constitucional."

Anotou, a seguir, o ilustre Ministro Celso de Mello:

"Essa manifestação do *Parquet* federal encontra-se de pleno acordo com o meu entendimento - que, de resto, coincide com o do próprio Supremo Tribunal Federal - de que a exegese teleológica das normas pertinentes à disciplina jurídica das inelegibilidades revela-se coerente com a *ratio* do instituto e com os objetivos que persegue.

Esta Corte, aliás, em precedente específico - RE 157.959 - RJ, Rel. Min. Ilmar Galvão (DJU de 12/11/92) - confirmou a tese adotada pelo Tribunal Superior Eleitoral e proclamou, *verbis*:

'ELEITORAL. DECISÃO QUE CONSIDEROU INELEGÍVEL, PARA O CARGO DE VICE-PREFEITO, QUEM EXERCEU O CARGO DE PREFEITO, NO PERÍODO IMEDIATAMENTE ANTERIOR, AINDA QUE DESINCOMPATIBILIZADO NO PRAZO DO ART. 14, § 6º, DA CONSTITUIÇÃO FEDERAL. IRRESIGNAÇÃO FUNDADA NA IMPOSSIBILIDADE DE INTERPRETAR-SE EXTENSIVAMENTE NORMA RESTRITIVA DE DIREITO.

Incensurabilidade do acórdão impugnado que, longe de contrariar regra da hermenêutica, limitou-se a revelar e definir o exato sentido da norma, de molde a impedir que, por via indireta, viesse ele a frustrar-se.

Recurso não conhecido.'

Não encontro qualquer dificuldade, Sr. Presidente, em divisar na vedação do § 5º do art. 14, da Constituição, a situação do antigo Prefeito que pretende eleger-se, para o período imediatamente subseqüente, Vice-Prefeito do mesmo Município.

Impõe-se reconhecer que a função típica do Vice-Prefeito - além daquela de suceder ao chefe do Poder Executivo no caso de vaga - realiza-se no ato de substituí-lo, em caráter temporário, nas hipóteses de impedimento. Na realidade, essas funções típicas ou próprias do cargo de Vice-Prefeito correspondem às atribuições ordinárias para cujo exercício foi ele instituído.

Autorizar a candidatura, nesta hipótese, poderia dar ensejo à perpetuação do poder, ante a possibilidade - sempre presente - de o Vice-Prefeito, mais do que meramente substituir, vir a suceder ao Prefeito municipal nos casos de vacância. Com esse procedimento, estar-se-ia, em última análise, permitindo a uma mesma pessoa, ainda que investida em mandatos diversos (o de Prefeito e o de Vice-Prefeito), suceder a si própria no exercício do poder. Ensejar-se-lhe-ia, em suma - e tal como ressaltado pela decisão ora impugnada - o desempenho, por via indireta, de mandato eletivo cujo exercício, em período administrativo subseqüente, é expressamente vedado pela Constituição.

O prevalecimento da tese sustentada pelo ora recorrente, afetaria de modo substancial o *telos* normativo que emerge do preceito consubstanciado no art. 14, § 5º, da Constituição, e comprometeria, desse modo, a alta finalidade ético-política que ditou a formulação dessa regra básica de inelegibilidade em nosso sistema jurídico.

O em. Min. SEPÚLVEDA PERTENCE, relator do acórdão ora impugnado, reportou-se a precedente específico do Tribunal Superior Eleitoral, de que foi também Relator - precisamente a decisão mantida pelo Supremo Tribunal Federal nos autos do RE 157.959 - RJ, Rel. Min. ILMAR GALVÃO.

A *ratio essendi* e a própria teleologia do preceito constitucional em causa foram bem ressaltados pelo em. Min. SEPÚLVEDA PERTENCE, Relator do acórdão recorrido no precedente mencionado (RE nº 157.959 - RJ, Rel. Min. ILMAR GALVÃO), no qual esta Corte confirmou, em data bastante recente

(Sessão de 04/11/92), a plena compatibilidade constitucional do entendimento firmado, na matéria, pelo Tribunal Superior Eleitoral:

'Senhor Presidente, no mérito - como não desconhecia o Tribunal *a quo* - a questão foi objeto de diversas e recentes consultas, todas elas resolvidas pelo TSE no sentido de que 'persiste a inelegibilidade do Prefeito que pretende candidatar-se a Vice-Prefeito, no período subseqüente, mesmo que tenha ocorrido o afastamento definitivo nos seis meses anteriores ao pleito, em obediência ao princípio de irreelegibilidade (CF, art. 14, § 5º), que poderia ser violado por via indireta, acaso renunciasse o novo Prefeito eleito e assumisse então a titularidade do Executivo o ex-Prefeito, porventura empossado na condição de Vice Prefeito' (Consultas nºs 12.469, 24/3/92, Torquato; 12.432, 2/4/92, José Cândido; 12.021, 28/4/92, Américo Luz e 12.605, 28/4/92, Pertence).

Sigo convencido, entretanto, que, no caso, a orientação do Tribunal, longe de violar a Constituição, é a que lhe dá a inteligência compatível com as inspirações teleológicas do princípio republicano da irreelegibilidade para mandatos de chefia do Poder Executivo.

Contra, assenta-se o dogma de interpretação estrita das normas limitativas de direitos, que, entretanto, não deve servir de pálio protetor da fraude à lei e à Constituição.

Essa tem sido, já faz tempo, a lição da melhor jurisprudência desta Casa em matéria de inelegibilidade.

Recorde-se a afirmação pelo TSE da inelegibilidade da esposa eclesiástica do titular do Executivo na eleição para o período subseqüente (cf. Recurso Especial nº 96.935, 3/11/92, Cordeiro Guerra, RTJ

103/1321; Recurso Especial nº 98.968, 18/11/82, Djaci Falcão, RTJ 105/443).
No primeiro desses - Recurso Especial nº 96.935 - para confirmar-se a decisão deste Tribunal, o voto condutor do eminente Ministro Cordeiro Guerra recordou parecer do então Procurador-Geral, Xavier de Albuquerque, no qual, a partir da evidência de que 'o estabelecimento de inelegibilidade atende a inspirações menos jurídicas do que morais, sociológicas, econômicas, numa palavra, políticas', concluíra o eminente jurisconsulto que o conceito jurídico de parentesco, utilizado pela regra de inelegibilidade, não podia, na interpretação dele, 'ser manipulado como preciosismo capaz de frustrar, pela prevalência do meio sobre o fim, a sua própria destinação' (BE, 236/455).
Mutatis Mutandis, também na espécie não deve a miopia exegetista da letra do art. 14, § 5º, da Constituição, servir de instrumento de fraude e de frustração das suas inspirações finalísticas.
A irreelegibilidade dos Chefes do Poder Executivo de todos os níveis federativos tem sido um dogma do nosso constitucionalismo republicano, com a única e compreensível exceção da Carta do Estado Novo: sua efetividade há de ser a premissa de toda a hermenêutica da norma que o consagra, de modo a inibir que se possa atingir por via indireta o que ostensivamente a Constituição quis vedar.
Ora, na Constituição, a regra de inelegibilidade, para o período subseqüente, do titular do mandato executivo é absoluta. Tanto que não lhe veda apenas concorrer à sua própria sucessão, mas também na hipótese de dupla vacância do cargo no curso do mandato subseqüente, que imponha eleições extraordinárias - de candidatar-se a elas.
Se assim é, como admitir-se a eleição do Prefeito a Vice-Prefeito, se a investidura deste não lhe atribui,

por si mesma, função própria alguma, mas apenas lhe outorga situação jurídica pré-ordenada à eventualidade da substituição ou da sucessão do titular: vale dizer, ao exercício, provisório ou definitivo, do mesmo mandato ao qual, diretamente, não poderia concorrer, durante todo o período subseqüente ao seu próprio mandato anterior. Não se trata de estender a proibição a hipóteses não abrangidas pela regra que a veicula, mas de extrair dela toda a compreensão necessária a inibir a fraude às suas inspirações.'

O Supremo Tribunal Federal, ao placitar essa orientação da jurisprudência do Tribunal Superior Eleitoral - que proclamou a inelegibilidade do Prefeito municipal ao cargo de Vice-Prefeito, para o período imediatamente subseqüente, ainda que renunciando ao mandato no prazo referido no art. 14, § 6º da Constituição Federal - certamente teve presente a lapidar advertência do Ministro VIEIRA BRAGA, quando afirmou (BE/TSE vol. 90/509), *verbis*:

'A Constituição ou a lei, quando veda determinado ato, não precisa acrescentar que fica também vedado fraudar a proibição. Os atos praticados em fraude à lei apresentam-se, pelo menos quase sempre, vestidos e paramentados com as palavras da lei. E é exatamente a interpretação por compreensão que permite à justiça negar-lhe legitimidade e efeitos jurídicos.'

É preciso ter presente, desse modo, que o regime das inelegibilidades, não obstante contemple restrições à capacidade eleitoral passiva dos cidadãos, comporta - consoante tem proclamado o Supremo Tribunal Federal (RE nº 157.868, Rel. Min. MARCO AURÉLIO, DJU de 09/12/92; RE nº 158.314, Rel. Min. CELSO DE MELLO, DJU de 12/02/93) - interpretação construtiva dos preceitos que lhe compõem a estrutura normativa (RTJ 103/1321).

E foi, precisamente, o que fez o Tribunal Superior Eleitoral, em interpretação jurisprudencial inteiramente legitimada pelo sentido finalístico da norma constitucional. A interpretação teleológica do art. 14, § 5º, da Constituição, objetiva impedir que se consume qualquer comportamento fraudulento que, lesando o postulado da irreelegibilidade do Prefeito municipal, viabilize, ainda que por via indireta, o acesso do Chefe do Poder Executivo local a um segundo mandato, cujo exercício, em período imediatamente sucessivo, lhe é categoricamente vedado pela norma constitucional.

Por todo o exposto, e sobretudo tendo em vista o precedente específico consubstanciado no RE nº 157.959 - RJ, tenho por inocorrente qualquer ofensa à Constituição Federal e não conheço, em conseqüência, do presente recurso extraordinário."

De outra parte, o TSE, na Resolução nº 19.452, de 29.2.96, decidiu que o Vice-Prefeito, ainda que tenha preservado o seu mandato, não é inelegível para o cargo de Prefeito no mesmo município, desde que não haja sucedido ou substituído o titular nos últimos seis meses anteriores ao pleito (CF, art. 14, § 5º; LC nº 64/90, art. 1º, § 2º). Também afirmou o TSE, na Resolução nº 14.225, a 5.4.94, *verbis*: "A jurisprudência da Corte é no sentido de que o Vice-Prefeito, que não vier a substituir o titular nos seis meses anteriores ao pleito, poderá candidatar-se aos demais cargos (Precedentes: Resoluções nºs 17.940/92, 18.086/92, 18.105/92 e 18.128/92) (LC nº 64/90, art. 1º, § 2º)". Já na Resolução nº 18.218, de 2.6.92, o TSE, respondendo à consulta, entendeu que o Vice-Prefeito não poderá candidatar-se ao mesmo cargo para o período subseqüente, ainda que não tenha sucedido ou substituído o titular na Chefia do Executivo Municipal nos seis meses anteriores ao pleito, conforme precedentes da Corte. No mesmo sentido, o Acórdão nº 12.862, no Recurso Especial nº 10.115, a 28.9.92, e ainda a Resolução nº 9.119, de 10.11.71.

Compreende-se, desse modo, que, na exegese do art. 14, § 5º, da Constituição, na redação de 5.10.88, o TSE manteve constante jurisprudência no sentido de ver estendida a regra de inelegibilidade do Prefeito para mandato sucessivo ao Vice-Prefeito, pela íntima correlação entre os dois cargos e pela natureza do último, cuja função típica, "além daquela de suceder ao Chefe do Poder Executivo no caso de vaga, realiza-se no ato de substituí-lo, em caráter temporário, nas hipóteses de impedimento, afirmando-se, ainda, que essas funções típicas ou próprias do cargo de Vice-Prefeito correspondem às atribuições ordinárias para cujo exercício foi ele instituído."

Assim sendo, não é possível deixar de entender que, no âmbito de compreensão do § 5º do art. 14 da Constituição, na redação da Emenda Constitucional nº 16/97, se enquadram os titulares de cargo de Vice-Prefeito, bem assim, pela simetria federativa existente, dos cargos de Vice-Governador e de Vice-Presidente da República. Quando esse dispositivo afastou a inelegibilidade do Presidente, dos Governadores de Estado e do Distrito Federal e dos Prefeitos, para o mesmo cargo no período subseqüente, por força de compreensão, em cada uma das esferas administrativas, o respectivo *Vice*, por igual, pode concorrer ao mesmo cargo, para o período subseqüente, uma única vez. Essa capacidade eleitoral passiva, assim resultante da norma aludida, estende-se ao Vice-Presidente, aos Vice-Governadores e aos Vice-Prefeitos, por sua íntima vinculação aos correspondentes titulares da Chefia do Poder Executivo. Nem seria, ademais, possível ver inelegibilidade emanada de norma que, por sua nova redação, dispõe sobre elegibilidade e na qual, de explícito, se prevêem os que hajam sucedido ou substituído os titulares, no curso dos mandatos, vale dizer, inclusive nos seis meses anteriores ao pleito. Podem, destarte, o Vice-Presidente da República, os Vice-Governadores de Estado e do Distrito Federal e os Vice-Prefeitos concorrer, ao mesmo cargo, para o período subseqüente, tal como sucede, de referência ao Presidente da República, aos Governadores de Estado e do Distrito Federal e aos Prefeitos, com apoio no § 5º do art. 14 da Constituição, na redação dada pela Emenda Constitucional nº 16/97. Nesse sentido, decidiu o TSE, nas Resoluções nº 19.952, 19.953, 19.954 e 19.955, a 2.9.97, relativas à reeleição dos titulares e respectivos "vice", sem necessidade de prévia renúncia, para concorrerem ao mesmo cargo, no pleito imediatamente subseqüente.

7. Renúncia do Chefe do Poder Executivo e elegibilidade para o mesmo cargo no período subseqüente

De indagar-se, aqui, por último, se o Chefe do Poder Executivo da União, dos Estados, do Distrito Federal e dos Municípios, - que pode concorrer às eleições para um período imediatamente subseqüente, de acordo com a Emenda Constitucional nº 16/97, sem necessidade de afastar-se do cargo, consoante reconheceu o TSE ao responder as Consultas 327, 328, 332 e 338, - mantém igual prerrogativa, *se renunciar ao cargo, seis meses antes da eleição*.

A Constituição Federal não cuida da espécie, no que concerne ao *mesmo* cargo. Está no § 6º do art. 14 da Lei Magna, não alterado pela Emenda Constitucional nº 16/97, que, para concorrerem a *outros* cargos, o Presidente da República, os Governadores de Estados e do Distrito Federal e os Prefeitos devem renunciar aos respectivos mandatos até seis meses antes do pleito. A *hipótese*, pois, *não é, aí, de reeleição*, que pressupõe recondução ao mesmo cargo eletivo ocupado, mas, sim, de desincompatibilização para disputar cargo diverso.

Não prevê, entretanto, a Constituição como causa de inelegibilidade hipótese de renúncia, seis meses antes da eleição, do titular de mandato executivo, - que está amparado pelo § 5º do art. 14, na redação da Emenda Constitucional nº 16/97, a concorrer a novo mandato para o mesmo cargo, sem se afastar de suas funções.

As causas de inelegibilidade, no ponto, são expressas na Constituição e se conumeram no art. 14, parágrafos 4º, 6º, 7º e 9º, este último servindo de supedâneo à definição de causas infraconstitucionais de inelegibilidade, em lei complementar, tal como se estipulou na Lei Complementar nº 64/90.

Não se contempla, no sistema brasileiro, regra semelhante à do art. 126, 2, da Constituição da República de Portugal, *verbis*:

"Art. 126.
1. Não é admitida a reeleição para um terceiro mandato consecutivo, nem durante o quinquênio imediatamente subsequente ao termo do segundo mandato consecutivo.
2. Se o Presidente da República renunciar ao cargo, não poderá candidatar-se nas eleições imediatas, nem nas que se realizem no quinquênio imediatamente subsequente à renúncia."

Compreendo, assim, que, sendo as causas de inelegibilidade de direito estrito, não é possível tê-la como presente, sem previsão constitucional expressa.

Nessa linha, ademais, orientou-se o TSE, ao dar pela inviabilidade de exigir afastamento do titular de Poder Executivo, *ut* art. 14, § 5º, da Constituição, na redação da Emenda Constitucional nº 16/97. De fato, afirmou-se que, pela Emenda Constitucional nº 16/97, se extinguira a causa de inelegibilidade absoluta (irreelegibilidade), então vigorante, para ter-se a norma decorrente da redação nova do art. 14, § 5º, da Lei Maior, *ut* Emenda Constitucional nº 16/97, como regra de elegibilidade, restando autorizadas as autoridades, que se contemplam no dispositivo maior, a concorrer ao mesmo cargo, para um período subseqüente. Não sendo norma de inelegibilidade, não havia exigir desincompatibilização. O afastamento para concorrer à reeleição somente seria exigível se disposição explícita o estabelecesse.

Por igual, na espécie, não existindo norma, na Constituição, conferindo à renúncia o efeito de tornar inelegível o titular do cargo, no período subseqüente, não tenho como possível assim considerá-lo, mesmo porque, se pode disputar segundo mandato, sem deixar o cargo, nada justificaria impedir o titular de fazê-lo, se entender de afastar-se seis meses antes.

Dir-se-á que, em decorrência disso, poderiam concorrer o sucessor, no exercício do cargo, pleiteando reeleição, eis que titular da posição, à data do pleito, e o ex-titular. Decerto, essa conseqüência poderá acontecer. Não resulta, todavia, da Constituição, óbice a tal. A admitir-se impedido de concorrer ao mesmo cargo que, até meses antes, ocupava o ex-titular, para o período subseqüente, força seria regra expressa na Carta Magna. Nesse sentido, à evidência, nada impediria que o ex-titular disputasse o pleito por uma legenda, e o atual titular, por outro partido ou coligação. Exato é, entretanto, entender que, se eleito, o ex-titular não poderá concorrer, ao término do período novo, para o outro subseqüente, visto que já desempenhara o mesmo cargo no período anterior. De contrário, seria admitir, contra a letra do art. 14, § 5º, em vigor, da Constituição, o exercício do cargo em três períodos consecutivos. O afastamento do posto nos seis meses, ou mais, antes da eleição, se não torna o ex-titular inelegível ao mesmo cargo, também não lhe dá a condição de pleitear terceiro período, caso eleito.

Nessa linha de compreensão, o TSE respondeu às Consultas nº 366 e 408, a 10.3.98.

8. Hipóteses de inelegibilidade infraconstitucional e a jurisprudência do Tribunal Superior Eleitoral

No que concerne a outros casos de inelegibilidade e aos prazos de sua cessação, que o § 9º do art. 14 da Constituição confere à lei complementar estabelecer, prevêem-se como objetivos a proteger a probidade administrativa, a moralidade para o exercício do mandato, considerada a vida pregressa do candidato, e ainda a normalidade e legitimidade das eleições contra a influência do poder econômico ou abuso do exercício de função, cargo ou emprego na administração direta ou indireta.

Certo está que, de acordo com o preceito constitucional aludido, as inelegibilidades não definidas na Lei Magna da República só podem ser disciplinadas em *lei complementar*, sendo, em conseqüência, vias inadequadas à previsão de outros casos de inelegibilidade a lei ordinária, a lei delegada ou a medida provisória. As hipóteses novas, ademais, hão de enquadrar-se nos objetivos consignados no § 9º do citado art. 14 da Lei Maior.

No regime da Constituição de 1988, editou-se a Lei Complementar nº 64, de 18.5.90, em cujo art. 1º, I, letras *d, e, g, h* e *i,* e no inciso II, letra *f,* estipula-se, *verbis*:

"Art. 1º. São inelegíveis:
I - para qualquer cargo:
. . .

d) os que tenham contra sua pessoa representação julgada procedente pela Justiça Eleitoral, transitada em julgado, em processo de apuração de abuso do poder econômico ou político, para a eleição na qual concorrem ou tenham sido diplomados, bem como para as que se realizarem nos três (3) anos seguintes;

e) os que foram condenados criminalmente, com sentença transitada em julgado, pela prática de crimes contra a economia popular, a fé pública, a administração pública, o patrimônio público, o mercado financeiro, pelo tráfico de entorpecentes e por crimes eleitorais, pelo prazo de 3 (três) anos, após o cumprimento da pena;

g) os que tiverem suas contas relativas ao exercício de cargos ou funções públicas rejeitadas, por irregularidade insanável e por decisão irrecorrível do órgão competente, salvo se a questão houver sido ou estiver sendo submetida à apreciação do Poder Judiciário, para as eleições que se realizarem nos 5 (cinco) anos seguintes, contados a partir da data da decisão;

h) os detentores de cargos na administração pública direta, indireta ou fundacional, que beneficiarem a si ou a terceiros, pelo abuso do poder econômico ou político apurado em processo, com sentença transitada em julgado, para as eleições que se realizarem nos 3 (três) anos seguintes ao término do seu mandato ou do período de sua permanência no cargo;

i) os que, em estabelecimento de crédito, financiamento ou seguro, que tenham sido ou estejam sendo objeto de processo de liquidação judicial ou extrajudicial, hajam exercido, nos 12 (doze) meses anteriores à respectiva decretação, cargo ou função de direção, administração ou representação, enquanto não forem exonerados de qualquer responsabilidade."

"II...

f) os que, detendo o controle de empresas ou grupo de empresas que atuem no Brasil, nas condições monopolísticas previstas no parágrafo único do art. 5º da Lei citada na alínea anterior (Lei nº 4.137, de 10 de setembro de 1962), não apresentarem à Justiça Eleitoral, até seis meses antes do pleito, a prova de que fizeram cessar o abuso apurado, do poder econômico, ou de que transferiram, por forma regular, o controle de referidas empresas ou grupo de empresas."

Bem de ver é, assim, a disciplina das inelegibilidades infraconstitucionais, para coibir o abuso do poder econômico ou político, no processo eleitoral (letras *d* e *h*, do inciso I, do art. 1º da Lei Complementar nº 64/90) ou ainda no que respeita à probidade administrativa e à moralidade no exercício da função pública (letra *g* do item I do art. 1º, da LC 64/90) ou à prática dos crimes enumerados no art. 1º, I, letra *e*, do mesmo diploma legal.

A jurisprudência do Tribunal Superior Eleitoral tem definido os grandes lineamentos para a compreensão das inelegibilidades acima referidas, quer respeitem a abuso do poder econômico e abuso do poder de autoridade, quer por fundamento diverso, qual decorre dos dispositivos suso transcritos.

Na hipótese dos arts. 1º, I, letra *d*, e 22 da Lei Complementar nº 64/90, a inelegibilidade por abuso do poder econômico de três anos flui a partir da eleição em que verificado o ilícito. Nesse sentido, ainda recentemente, assentou o TSE, na Resolução nº 19.974, a 23.9.97; no Recurso Especial nº 13.522, a 30.9.96.

Acerca do abuso do poder econômico ou do poder de autoridade, para os fins da alínea *d* em foco, o TSE, no

Recurso Especial nº 11.082, a 16.12.93, decidiu, *verbis*: "Existindo indícios do cometimento de abuso do poder econômico e abuso do poder de autoridade, possíveis de influenciar a lisura e legitimidade do pleito, não é lícito ao TRE dar pela extinção do feito, sem julgamento de mérito, ainda que, pelo decurso de tempo, não seja possível anular as eleições e cassar os diplomas dos eleitos. Tem-se por caracterizada, se procedente a ação, a inelegibilidade dos autores para as eleições que se realizarem nos três anos seguintes à data da decisão". Nesse julgado, a Corte proveu o recurso especial, determinando a remessa dos autos ao TRE para o julgamento do mérito da ação, como entendesse de direito.

De outra parte, no Recurso Ordinário nº 12.085-RO, o TSE afirmou que "o processo de registro é inadequado para apuração de causa de inelegibilidade consubstanciada no abuso do poder econômico, previsto no art. 1º, I, letra *d*, da Lei Complementar nº 64/90, cumprindo se proceda na conformidade do art. 22 e seus incisos do diploma em referência".

No que concerne à inelegibilidade do art. 1º, I, letra *g*, da Lei Complementar nº 64/90, o TSE tem decidido que a condenação em ação popular não é fato que possa ensejar a decretação da inelegibilidade com base nesse dispositivo, eis que "o fundamento fático da incidência da norma referida é a rejeição de contas relativas ao exercício de cargos e funções públicas por irregularidades insanáveis e por decisão irrecorrível do órgão competente" (*in* Recurso Especial nº 13.607, a 29.10.96).

No Recurso Especial nº 11.041 - Classe 4ª - MA (Acórdão nº 13.206), o TSE, a 15.12.92, assentou:

> "Contas rejeitadas pelo Legislativo Municipal por ato de improbidade administrativa.
> Quando levada à apreciação da Justiça Comum, após ação de impugnação, não afasta a causa da inelegibilidade (Acórdão nº 12.714/92).

Pacífica jurisprudência da Corte tem sido no sentido que não basta a existência da ação judicial voltada a desconstituir a decisão da Câmara Municipal, para ter-se como presente a ressalva da parte final do art. 1º, I, *g*, da Lei de Inelegibilidade. É imprescindível que a ação judicial ataque todos os fundamentos que embasaram o decreto de rejeição, além do que a medida deve anteceder à ação de impugnação do registro de candidatura."

No Recurso Especial nº 11.422 - Classe 4ª - Espírito Santo, o TSE, acerca dessa inelegibilidade, decidiu que, tratando-se de inelegibilidade disciplinada em lei complementar - alínea *g*, inciso I do artigo 1º da Lei Complementar nº 64/90 - "a articulação deve ocorrer, sob pena de preclusão, quando do registro do candidato". Nesse sentido, também as decisões nos Recursos nºs 453-PA e 431-TO - D.J. de 30.6.91, pág. 8.368.

De outra parte, considerou o TSE, na espécie, bastante a afastar a inelegibilidade "a ação anulatória visando desconstituir o ato de rejeição com o único argumento de cerceamento de direito de defesa", acrescentando a decisão que, nessa hipótese, é desnecessário que "a ação ataque, uma a uma, as irregularidades apontadas" (Recurso Especial nº 13.529-MG - Acórdão nº 13.529).

Pela inelegibilidade, com base no art. 1º, I, *h*, da Lei Complementar nº 64/90, de candidatos a Vereadores, porque "condenados em ação popular em função do aumento indevido dos próprios subsídios, quando exercentes do cargo de Vereador", o TSE decidiu, no Recurso nº 10.673 - Classe 4ª - RS (Ac. 12.876), a 29.9.92, relator o Ministro Eduardo Alckmin.

Na mesma linha de aplicação do dispositivo em apreço, a Corte Superior Eleitoral afirmou no Recurso nº 12.159 - Classe 4ª - SP, *verbis*: "São lesivos ao patrimônio público e à moralidade administrativa, os atos de publicidade do município nos quais constam o nome do prefeito e seu logotipo da campanha política anterior, porque expressamente vedados pelo art. 37, § 1º, da Constituição Federal. Existindo condenação com trânsito em julgado, em ação popular, incide o responsável na inelegibilidade da alínea *h* do inciso I do art. 1º da LC nº 64/90".

Em igual ordem, no Recurso nº 10.635 - Classe 4ª - Agravo (Acórdão nº 12.978), a 1º.10.92, o TSE afirmou que "a jurisprudência da Corte tem sido no sentido de que a condenação em ação popular faz incorrer o condenado na inelegibilidade da letra *h*, do inciso I do art. 1º, da Lei das Inelegibilidades", anotando o relator, Ministro Carlos Velloso: "Esta egrégia Corte, julgando os Recursos Especiais nºs 10.278 e 9.965, que cuidam de matéria igual, entendeu que há inelegibilidade para quem terminou o mandato em 1 de janeiro de 1989, caso do ora agravante, desde que persiste ela nos anos de 1990, 1991 e 1992; no Recurso Especial nº 10.673, decidiu, ainda, que a condenação em ação popular faz incorrer na inelegibilidade da letra *h* do inciso I do art. 1º da Lei Complementar nº 64/90".

Já em 23.9.96, o TSE, no Recurso Especial nº 13.132-RS, julgou, entretanto, que "para configurar-se a hipótese da letra *h* do item I, do artigo 1º, da Lei Complementar nº 64, o abuso de poder político deve vincular-se a finalidades eleitorais, embora não a um concreto processo eleitoral em curso, o que corresponde à previsão da letra *d* do mesmo dispositivo", explicitando-se, outrossim, que, para o cômputo do prazo de três anos, considera-se o lapso de tempo correspondente "a um ano, e não o ano civil"; desse modo, começa a fluir tão logo findo o mandato. No mesmo sentido, os acórdãos nºs 13.141, de 25.9.96; 13.138, de 29.9.96, dentre outros. No Acórdão nº 13.141-RS, relator o ilustre Ministro Ilmar Galvão, consignou-se na ementa respectiva: "Não é de se ter por inelegível o candidato nos moldes do art. 1º, inciso I, letra *h*, da LC nº 64/90, quando o ato ensejador da condenação em ação popular por improbidade administrativa não foi praticado com fins eleitorais". Acentuou, no voto, o relator: "Com efeito, os vereadores ao aumentarem sua remuneração praticaram ato meramente administrativo sem relação com um determinado processo eleitoral ou com fins eleitoreiros, não se aplicando na espécie, portanto, as alíneas *d* e *h*, do art. 1º, inciso I, da LC 64/90".

9. Inelegibilidades infraconstitucionais e preclusão

No que respeita à preclusão, *ut* art. 259 do Código Eleitoral, em se cuidando de inelegibilidade infraconstitucional (LC nº 64/90), a jurisprudência do TSE é no sentido de que, preexistente o fato gerador da inelegibilidade ao registro do candidato, não pode ser argüida em recurso contra a diplomação, dado que a matéria se torna preclusa (Código Eleitoral, art. 259). Nesse sentido, decisões nos Recursos Especiais nºs 11.784 - Classe 4ª - Agravo - SP; e 11.422, e Acórdãos nºs 11.929 e 11.934, dentre outras.

Já em 1983, no Recurso Especial nº 5.729 - Classe 4ª (Acórdão nº 7.438), o TSE decidiu, em acórdão com esta ementa:

"Recurso de diplomação. Inelegibilidade.

Fato superveniente. Matéria constitucional.

1) Sendo preexistente ao registro do candidato, não pode a condenação servir para argüição de inelegibilidade do diplomado, se não houve oportuna impugnação ao pedido de registro.
2) O motivo de inelegibilidade é que deve ser superveniente ao registro, não o conhecimento dele pelos interessados.
3) Matéria de ordem constitucional, para efeito de preclusão, é aquela prevista diretamente no texto

da Constituição, e não a delegada à lei complementar sobre inelegibilidades."

Nesse sentido, é a orientação do Supremo Tribunal Federal, como resulta do acórdão no RE 140.423-PB (RTJ 158/653), em cuja ementa se inseriu:

"Inelegibilidade: estabelecida em lei complementar e não argüida quando do registro do candidato, fica coberta pela preclusão.
1. Conforme o entendimento consolidado da lei eleitoral, não impugnado o registro do candidato, a inelegibilidade preexistente só poderá ser argüida em recurso de diplomação quando se cuida de matéria constitucional.
2. Se se cuida de inelegibilidade só tipificada em lei complementar, a matéria constitucional se circunscreve à indagação da sua conformidade às diretrizes a ela impostas pelo art. 14, § 9º, da Constituição: a discussão sobre a inteligência e a aplicação da norma complementar de inelegibilidade é questão de ordem infraconstitucional, que, assim, como não se presta a fundar recurso extraordinário, também não escapa da regra de preclusão do art. 259 C. Eleitoral. Precedentes.
3. Não viola o art. 121, § 4º, III, da Constituição, a decisão que, sem negar a admissibilidade do recurso ordinário contra a diplomação de Deputado Federal, nega-lhe provimento, por entender preclusa, por força de lei, a questão da inelegibilidade argüída pelo recorrente."

No ponto, releva, tão-só, observar, como anotei em voto no RE 101.757, a 5.12.84 (RTJ 122/648), que a matéria constitucional se circunscrevia à indagação da conformidade do dispositivo da lei complementar de inelegibilidades com as diretrizes a ela impostas pelo art. 151 e seus incisos, da Constituição anterior, a que corresponde o art. 14, § 9º, da Constituição de 1988. A mera aplicação da lei complementar, contudo, é questão de ordem legal, que, assim como não serve a fundamentar recurso extraordinário, também não escapa da preclusão, a teor do art. 259 do Código Eleitoral, se não suscitada quando do registro do candidato, mas apenas em recurso contra a diplomação do eleito (RTJ 158/657).

Relativamente à *ação de impugnação de mandato, ut* art 14, § 10, da Constituição, também relevante é a matéria da preclusão, instituto que se reveste de alta importância no Direito Eleitoral.

O dispositivo maior prevê que poderá o mandato eletivo ser impugnado ante a Justiça Eleitoral, no prazo de quinze dias contados da diplomação, *instruída a ação com provas de abuso do poder econômico, corrupção ou fraude.* Somente é cabível o procedimento nas hipóteses previstas no texto constitucional. Não é ação para impugnar mandato por inelegibilidade, que deve ser atacada em recurso de diplomação (C.E., art. 262, I), conforme decidiu o TSE, a 22.2.90, no Acórdão nº 11.053. No Acórdão nº 11.046, relator o Ministro Roberto Rosas, D.J. de 4.4.90, a Corte Eleitoral referida afirmou: "A ação de impugnação de mandato eletivo, prevista no § 10 do art. 14 da Constituição, não é o instrumento próprio para postular-se recontagem de votos. Tampouco pode ser encarada como fato autorizativo da abolição ou subversão dos prazos de preclusão e do sistema de recursos, estabelecidos na legislação eleitoral (...)". Sinalou, então, o ilustre Relator: "A Carta Magna pretendeu dar oportunidade à obstinada preocupação da Justiça Eleitoral de eliminação da fraude e da corrupção, mas estas não podem servir de motivo posterior, para a ação de impugnação, quando, visíveis e conhecidas, foram caladas por interesses eleitorais do momento, mas se mostram oportunas após a derrota. Por isso, há dois pressupostos imediatos à ação de impugnação. Primeiro, a inexistência de preclusão; segundo, como diz o art. 14, § 10, a prova do abuso, corrupção ou fraude".

No recente julgamento do Recurso Ordinário nº 61/97 - PR, em que se invocavam fatos anteriores à campanha eleitoral na qual o recorrente se elegera, a constituírem abuso de poder e corrupção, neles se fundando a ação, o TSE decidiu que o abuso do poder econômico apto a alicerçar a demanda em referência deve ocorrer no curso da campanha eleitoral, sendo, aí, argüível a preclusão, quanto a fatos precedentes, relativos ao exercício pelo candidato vitorioso de mandato executivo, em período anterior. É certo que os fatos anteriores, hoje objeto de ações populares, se ilícitos, poderão ainda ter conseqüências jurídicas, após o trânsito em julgado das decisões condenatórias, relativamente ao plano de inelegibilidades, com base na Lei Complementar nº 64/90, além de eventuais efeitos penais, conforme o que vier a ser definitivamente comprovado e julgado.

10. Abuso do poder econômico e do poder de autoridade

Os temas do abuso do poder econômico e do abuso do poder de autoridade, no processo eleitoral, dizem, imediatamente, com formas de aliciamento ilegítimo de eleitores, conspurcando-lhes a consciência, com evidente dano à plena liberdade do sufrágio, ou desprezando-se o princípio da igualdade na disputa eleitoral, com a quebra do equilíbrio a presidir a participação de partidos políticos e candidatos na competição legítima pela conquista do voto livre. Obter o sufrágio do cidadão, tratando-o como simples produto de mercado, sujeito à oferta pessoal mais compensadora, em moeda ou em serviços, economicamente mensuráveis, à míngua da persuasão por via de idéias ou da enunciação de programas; realizar a campanha eleitoral, com a utilização de formas de propaganda, vedadas em lei ou fora dos limites nesta previstos, onde se fazem evidentes a ostentação de poder econômico ou abuso do poder de autoridade, eis duas faces do mesmo instrumento, igualmente atentatórias à lisura dos pleitos eleitorais, pela captação ilegítima de sufrágios, ferindo os valores da liberdade e da igualdade que informam a essência da ordem democrática.

Se, a par do poder político inerente ao Estado e aos órgãos de sua atuação, não é possível deixar de compreender a existência do poder econômico como uma das manifestações de poder na sociedade, notadamente com economia de tipo capitalista, onde asseguradas a livre iniciativa e a livre concorrência, exato é, contra o mau uso desse poder, assenta a ordem constitucional que a lei lhe imponha reprimenda, tal qual há de suceder com o abuso do poder de autoridade. Assim, desde 1946, o sistema constitucional brasileiro, na organização da ordem econômica e social, conforme os princípios da justiça social, conciliando a liberdade de iniciativa com a valorização do trabalho humano, já consagra, expressamente, que a lei reprimirá o abuso do poder econômico que vise à dominação dos mercados, à eliminação da concorrência e ao aumento arbitrário dos lucros (C.F. de 1946, art. 148; C.F. de 1967, art. 157, VI; Emenda Constitucional nº 1, de 1969, art. 160, V; Constituição de 1988, art. 173, § 4º). Entre as características do abuso do poder econômico, nesse plano constitucional, está o prejuízo ao interesse geral, mediante práticas que impossibilitem, restrinjam ou falseiem o jogo normal da concorrência. Pontes de Miranda, acerca do art. 160, V, da Emenda Constitucional nº 1, de 1969, ainda ressalta: "Quanto ao abuso do poder econômico, a Constituição de 1967 entende que é suscetível de repressão todo exercício irregular, todo abuso da propriedade, uma vez que seja nocivo aos outros habitantes do país, à coletividade e ao Estado. O art. 160, V, tem de ser interpretado de conformidade com o art. 163, sem se ter de limitar ao conteúdo conceptual desse. No fundo, o art. 160, V, implicitamente se refere à limitabilidade do conteúdo e do exercício do direito de propriedade, ou de outros direitos patrimoniais, ou do poder que deles advém (e.g., poder dos gerentes ou dos não-proprietários)" (*in Comentários à Constituição de 1967 com a Emenda nº1, de 1969*, Forense, 1987, Tomo VI, p. 50). José Alfredo de Oliveira Baracho, já na vigência da Constituição de 5 de outubro, anota: "Define-se como abuso do poder econômico o mau uso da atividade produtiva. A grande empresa, tendo em vista os procedimentos de sua atuação, ocupa posição de destaque na economia, que lhe permite atuar sobre vários segmentos da sociedade. Alicerçada no princípio da igualdade, a Constituição de 1988 (§ 4º do art. 173) transformou em norma constitucional o preceito que procura evitar que a grande empresa se prevaleça de sua situação, para impor o interesse particular em prejuízo do interesse público e do bem comum". ("O Abuso do Poder Econômico", *in Revista Brasileira de Estudos Políticos*, nº 71, julho/1990, p .77).

Pois bem, *no âmbito dos direitos políticos*, preocupa-se a ordem constitucional, do mesmo modo, com a influência do poder econômico ou com o abuso do poder de autoridade, no que concerne à normalidade e legitimidade das eleições, vale dizer, com reflexo no sufrágio dos cidadãos, na lisura da conquista do mandato popular, no provimento dos cargos eletivos e, assim, na representatividade política da Nação. Atentam contra a probidade administrativa e a moralidade para o exercício do mandato quaisquer formas de conquista de poder político, mediante abuso do poder econômico ou do poder de autoridade.

No Recurso Eleitoral nº 6.350-Cl.4ª-CE, o ilustre Ministro Oscar Corrêa, relator, após anotar a dificuldade na caracterização do abuso do poder econômico, observou, de forma apropriada, *verbis*:

"Há de ser sempre a caracterização do abuso do poder econômico *quaestio* que depende de circunstâncias de toda a ordem, às quais não são estranhas as realidades de cada campanha, a postura dos candidatos, o clima político local, e todos os mais componentes do quadro que a distingue.
Por outro lado, em campanha política, recebe ainda a contribuição da passionalidade da disputa que, atingido certo nível, perde, às vezes, infelizmente, noção de conveniência moral e passa a orientar-se apenas pela necessidade da vitória, independentemente dos meios utilizados.

Por isso, se é difícil conceituá-lo *in abstrato* - pois depende de dados que demonstrem o desnivelamento, o desequilíbrio no uso da força econômica dos candidatos, a caracterização *in concreto* propicia outras dificuldades de não menor monta, a começar da própria identificação dos recursos utilizados, lícitos ou ilícitos, configurando apenas *uso* ou excedendo-se para atingir o *abuso*.

Estas dificuldades ainda mais se agravaram na atualidade com a força de que se reveste a propaganda política, sua influência mobilizadora das grandes massas eleitorais e as técnicas de apelo de que se vale. E a impossibilidade de traçar lindes entre *uso* e *abuso*, quando todos se sentem forçados a valer-se dela, quaisquer que sejam as fontes, e mesmo os menos dispostos a transpor os limites da conveniência e da lisura.

Há os que, despudoradamente, a fazem, com dinheiro próprio, alheio e até público; os que, pelo prestígio que adquiriram - por qualquer forma - vêem-na feita, sem que nela interfiram, e isto se dá com algumas figuras de renome; assumindo a propaganda todas as feições e exorbitando de todos os limites.

O Juiz eleitoral vê-se a braços com essa dificuldade, que não ignora, antes sente, vê e conhece, mas julga com os elementos de que dispõe nos autos, o quadro probatório, as presunções, as aparências, as circunstâncias, ao que, tudo, não é alheio nem indiferente.

Pondera, assim, esses elementos, e, ao fazê-lo, obviamente, seu juízo não é universal, mas exprime convicções e crenças, sem se apartar nunca da realidade dos autos.

Por isso, o que a uns parece *abuso*, visto dos autos - com as provas que apresentam - pode ser insuficiente para configurá-lo, principalmente quando se põe em risco e em cheque a fruição de direitos políticos fundamentais".

Se é exato, assim, que não há uma definição, desde logo, do que se deva ter como abuso do poder econômico no processo eleitoral, decerto algumas diretrizes a esse respeito cabe colher do contexto do sistema eleitoral, a partir da verificação de normas de caráter proibitivo e de conteúdo econômico: quer das que limitam a captação de recursos financeiros para financiamento de campanhas eleitorais e de candidaturas, quer das que vedam o custeio de transporte de eleitores, em dia de pleito eleitoral, quer das disposições da Lei Orgânica dos Partidos Políticos, acerca de financiamento ou custeio de campanhas, por empresas, a Partidos ou candidatos, quer ainda das regras proibitivas de propaganda, mesmo a título gratuito, desde que sem o caráter de generalidade e sob a fiscalização da Justiça Eleitoral, a Partidos ou candidatos, por emissoras de rádio e televisão.

Nessa linha, é preciso ter presente que as despesas da campanha eleitoral serão realizadas sob a responsabilidade dos partidos ou de seus candidatos e financiadas na forma da lei (Lei nº 9.504/97, art. 17), preceituando o § 2º do art. 18 do diploma aludido que "gastar recursos além dos valores declarados", ao ensejo do pedido de registro de seus candidatos (art. 18), "sujeita o responsável ao pagamento de multa no valor de cinco a dez vezes a quantia em excesso". Além da obrigatoriedade de *comitês financeiros* constituídos pelos partidos com a finalidade de arrecadar recursos, nos limites da lei, e aplicá-los nas campanhas eleitorais (Lei nº 9.504/97, arts. 19 e parágrafos; 23 e parágrafos), e de ser também obrigatório "para o partido e para os candidatos" abrir conta bancária específica para registrar todo o movimento financeiro da campanha (Lei nº 9.504/97, art. 22), impõe a Lei em vigor que se *prestem contas* à Justiça Eleitoral, que decidirá de sua regularidade, dos candidatos às eleições majoritárias pelo comitê financeiro respectivo e dos candidatos às eleições proporcionais ou pelo comitê financeiro ou pelo próprio candidato (Lei nº 9.504/97, art. 28, §§ 1º e 2º), "acompanhadas dos extratos das contas bancárias referentes à movimentação dos recursos financeiros usados na campanha e da relação dos cheques recebidos, com a indicação dos respectivos números, valores e emitentes". Se não se observar o prazo de trinta dias para o encaminhamento das prestações de contas, impedida fica a diplomação dos eleitos, enquanto perdurar a omissão (Lei nº 9.504/97, art. 29, § 2º). Explicita-se, ainda, no art. 31 da mesma Lei que as sobras de recursos financeiros de campanha "serão utilizadas pelos partidos políticos, de forma integral e exclusiva, na criação e manutenção de instituto ou fundação de pesquisa e de doutrinação e educação política". Releva, por fim, aqui, anotar que, de acordo com o art. 25 da Lei em exame, "perderá o direito ao recebimento da cota do Fundo Partidário do ano seguinte", "o partido que descumprir as normas referentes à arrecadação e aplicação dos recursos, sem prejuízo de responderem os candidatos beneficiados por abuso do poder econômico".

Diante da regra do art. 25 aludido, é necessário, por igual, ter em conta a proibição do art. 24 da Lei nº 9.504/97, dirigida a partido e candidato, quanto ao recebimento direta ou indiretamente de doação em dinheiro, inclusive por meio de publicidade de qualquer espécie, procedente de: "I - entidade ou governo estrangeiro; II - órgão da administração pública direta e indireta ou fundação mantida com recursos provenientes do Poder Público; III - concessionário ou permissionário do serviço público; IV - entidade de direito privado que receba, na condição de beneficiária, contribuição compulsória em virtude de disposição legal; V - entidade de utilidade pública; VI - entidade de classe ou sindical; VII - pessoa jurídica sem fins lucrativos que receba recursos do exterior".

De outro lado, a Lei 9.504/97, ao indicar limites à ação de agentes do poder público, servidores ou não, aponta, sem dúvida, diretrizes à eventual verificação de abuso do poder de autoridade, eis que enumera "condutas tendentes a afetar a igualdade de oportunidades entre candidatos nos pleitos eleitorais". São as seguintes as condutas vedadas no art. 73 em referência: "I - ceder ou usar em benefício de candidato, partido político ou coligação, bens móveis ou imóveis pertencentes à administração direta ou indireta da União, dos Estados, do Distrito Federal, dos Territórios e dos Municípios, ressalvada a realização de convenção partidária; II - usar materiais ou serviços, custeados pelos Governos ou Casas Legislativas, que excedam as prerrogativas consignadas nos regimentos e normas dos órgãos que integram; III - ceder servidor público ou empregado da administração direta ou indireta federal, estadual ou municipal do Poder Executivo, ou usar de seus serviços, para comitês de campanha eleitoral de candidato, partido político ou coligação, durante o horário de expediente normal, salvo se o servidor ou empregado estiver licenciado; IV - fazer ou permitir uso promocional em favor de candidato, partido político ou coligação, de distribuição gratuita de bens e serviços de caráter social custeados ou subvencionados pelo Poder Pùblico; V - nomear, contratar ou de qualquer forma admitir, demitir sem justa causa, suprimir ou readaptar vantagens ou por outros meios dificultar ou impedir o exercício funcional e, ainda, *ex-officio*, remover, transferir ou exonerar servidor público, na circunscrição do pleito, nos três meses que o antecedem e até a posse dos eleitos, sob pena de nulidade de pleno direito, ressalvados: a) a nomeação ou exoneração de cargos em comissão e designação ou dispensa de funções de confiança; b) a nomeação para cargos do Poder Judiciário, do Ministério

Público, dos Tribunais ou Conselhos de Contas e dos órgãos da Presidência da República; c) a nomeação dos aprovados em concursos públicos homologados até o início daquele prazo; d) a nomeação ou contratação necessária à instalação ou ao funcionamento inadiável de serviços públicos essenciais, com prévia e expressa autorização do Chefe do Poder Executivo; e) a transferência ou remoção *ex-officio* de militares, policiais civis e de agentes penitenciários; VI) nos três meses que antecedem o pleito: a) realizar transferência voluntária de recursos da União aos Estados e Municípios, e dos Estados aos Municípios, sob pena de nulidade de pleno direito, ressalvados os recursos destinados a cumprir obrigação formal preexistente para execução de obra ou serviço em andamento e com cronograma prefixado, e os destinados a atender situações de emergência e de calamidade pública; b) com exceção da propaganda de produtos e serviços que tenham concorrência no mercado, autorizar publicidade institucional dos atos, programas, obras, serviços e campanhas dos órgãos públicos federais, estaduais e municipais, ou das respectivas entidades da administração indireta, salvo em caso de grave e urgente necessidade pública, assim reconhecida pela Justiça Eleitoral; c) fazer pronunciamento em cadeia de rádio e televisão, fora do horário eleitoral gratuito, salvo quando, a critério da Justiça Eleitoral, tratar-se de matéria urgente, relevante e característica das funções de governo; VII - realizar, em ano de eleição, antes do prazo fixado no inciso anterior, despesas com publicidade dos órgãos públicos federais, estaduais e municipais, ou das respectivas entidades da administração indireta, que excedam a média dos gastos nos três últimos anos que antecedem o pleito ou do último ano imediatamente anterior à eleição; VIII - fazer, na circunscrição do pleito, revisão geral da remuneração dos servidores públicos, que exceda a recomposição da perda de seu poder aquisitivo ao longo do ano da eleição, a partir do início

do prazo estabelecido no art. 7º desta Lei e até a posse dos eleitos".
Excepcionou a Lei nº 9.504/97, quanto ao transporte oficial pelo Presidente da República e ao uso de residência oficial, no que concerne aos Chefes de Poder Executivo, em campanha, no § 2º do art. 73, nestes termos:

"§ 2º. A vedação do inciso I do *caput* não se aplica ao uso, em campanha, de transporte oficial pelo Presidente da República, obedecido o disposto no art. 76, nem ao uso, em campanha, pelos candidatos a reeleição de Presidente e Vice-Presidente da República, Governador e Vice-Governador de Estado e do Distrito Federal, Prefeito e Vice-Prefeito, de suas residências oficiais para realização de contatos, encontros e reuniões pertinentes à própria campanha, desde que não tenham caráter de ato público."

O art. 76 do mesmo diploma dispôs sobre o ressarcimento das despesas com o uso de transporte oficial pelo Presidente da República e sua comitiva em campanha eleitoral, estipulando que será de responsabilidade do partido político ou coligação a que esteja vinculado. Os parágrafos do mesmo artigo disciplinam forma e tempo de proceder-se a cobrança do *quantum* devido.

Os arts. 73, § 2º, e 76 foram, também, objeto da ADIN 1805-1/600, antes aludida, havendo o Supremo Tribunal Federal, contra o voto de um de seus membros, no ponto, também indeferido a medida cautelar, em razão do que estão em vigor os dispositivos.

Está no § 7º do art. 73 acima transcrito que as condutas enumeradas no *caput* caracterizam, ainda, atos de improbidade administrativa, a que se refere o art. 11, inciso I, da Lei nº 8.429, de 2 de junho de 1992, e sujeitam-se às disposições daquele diploma legal, em especial às cominações do art. 12, inciso III, sendo que, no caso de inobservância do inciso VI do referido *caput*, se o agente público responsável for candidato "ficará sujeito à cassação do registro" (§ 5º), além da multa de cinco a cem mil UFIR aplicável em geral no descumprimento do disposto no artigo 73 transcrito a teor de seu parágrafo 4º. Além disso, o art. 74 da Lei nº 9.504/97 preceitua configurar abuso de autoridade para os fins do disposto no art. 22 da Lei Complementar nº 64, de 18 de maio de 1990, "a infringência do disposto no § 1º do art. 37 da Constituição Federal ficando o responsável, se candidato, sujeito ao cancelamento do registro de sua candidatura", o mesmo se cominando no parágrafo único do art. 77 para o desrespeito à proibição "aos candidatos a cargos do Poder Executivo" de participar, nos três meses que precedem o pleito, de inaugurações de obras públicas (art. 77, *caput*).

Essas rápidas referências a normas de Direito Eleitoral estão a apontar aspectos do complexo problema da influência e abuso do poder econômico e do poder de autoridade, de sua definição e compreensão. Certo está, porém, que essa ilícita interferência, em desfavor da liberdade do voto e da igualdade de oportunidades dos candidatos, há de ser coibida e punida segundo a vontade da Constituição Federal e do Direito Eleitoral.

No que concerne à *apuração dos fatos a caracterizarem* e comprovarem o *abuso do poder econômico e do poder de autoridade*, está já no § 2º do art. 237 do Código Eleitoral que qualquer eleitor ou partido político poderá se dirigir ao Corregedor-Geral ou Regional da Justiça Eleitoral, relatando fatos e indicando provas e pedir abertura de investigação para apurar uso indevido do poder econômico, em benefício de candidato ou de partido político. O Corregedor, verificada a seriedade da denúncia, procederá ou mandará proceder a investigações, a teor do parágrafo 3º do citado art. 237 do Código Eleitoral. Mais rigoroso, no particular, é o sistema que deflui do art. 14, §§ 10 e 11, da Constituição de 1988, ao estipular, de forma inovadora, que o mandato eletivo poderá ser impugnado ante a Justiça Eleitoral, no prazo de quinze dias contados da diplomação, instruída a ação com provas do abuso do poder econômico, corrupção ou fraude. O art. 22 da Lei Complementar nº 64, de 18.05.90, bem evidencia, de outra parte, a abrangência da ação, ao nela prever se apurem uso indevido, desvio ou abuso do poder econômico ou do poder de autoridade, ou utilização indevida de veículos ou meios de comunicação social, em benefício de candidato ou de partido político, mediante representação à Justiça Eleitoral, diretamente ao Corregedor-Geral ou Regional, de qualquer partido político, coligação, candidato ou Ministério Público Eleitoral, relatando fatos e indicando provas, indícios e circunstâncias e com pedido de abertura de investigação judicial. Cumprindo-se o rito definido nos itens I a XIII do mesmo art. 22, se julgada procedente a representação, "o Tribunal declarará a inelegibilidade do representado e de quantos hajam contribuído para a prática do ato, cominando-lhes sanção de inelegibilidade para as eleições a se realizarem nos três anos subseqüentes à eleição em que se verificou, além da cassação do registro do candidato diretamente beneficiado pela interferência do poder econômico e pelo desvio ou abuso do poder de autoridade, determinando a remessa dos autos ao Ministério Público Eleitoral, para instauração do processo disciplinar, se for o caso, e processo-crime, ordenando quaisquer outras providências que a espécie comportar". Cumprirá remeter, outrossim, cópias de todo o processo ao Ministério Público Eleitoral, se a representação for julgada procedente, após a eleição do candidato, para os fins previstos no art. 14, §§ 10 e 11, da Constituição, e art. 262, IV, do Código Eleitoral. De acordo com o parágrafo único do art. 22 da Lei Complementar nº 64, de 1990, nessa matéria, o recurso contra a diplomação, interposto pelo representante, não impede a atuação do Ministério Público no mesmo sentido. Estipula, ainda, o art. 23 da mesma Lei Complementar que o Tribunal "formará sua convicção pela livre apreciação dos fatos públicos e notórios, dos indícios e presunções e prova produzida, atentando para circunstâncias ou fatos, ainda que não indicados ou alegados pelas partes, mas que preservem o interesse público de lisura eleitoral".

Desse modo, se procedente a representação, bem de entender são as graves e severas conseqüências com que a ordem jurídica quer tratar candidatos envolvidos em abuso do poder econômico ou abuso do poder de autoridade: indeferimento ou cassação do registro, anulação da votação (Cód. Eleit., art. 222), inelegibilidade, nos termos indicados, cassação do diploma expedido (C.F., art. 14, § 9º), eventual sujeição a processo criminal. Está, efetivamente, no art. 222 do Código Eleitoral: "É também anulável a votação, quando viciada de falsidade, fraude, coação, *uso de meios de que trata o art. 237*, ou emprego de processo de propaganda ou captação de sufrágios vedados por lei".

11. Coligações partidárias e a Lei nº 9.504/97

Tem sido diverso o tratamento, ao longo do tempo, conferido pelas leis regentes de eleições ao tema *coligação partidária*.

Nas eleições gerais de 1986, a Lei nº 7.493, de 17.6.86, em seu art. 6º e §§ 1º e 2º, dispôs:

"Art. 6º. É facultado aos Partidos Políticos celebrar Coligações para o registro de candidatos à eleição majoritária, à eleição proporcional, ou a ambas.
§ 1º. É vedado ao Partido Político celebrar coligações diferentes para a eleição majoritária e para a eleição proporcional.
§ 2º. A coligação terá denominação própria, sendo a ela assegurados os direitos conferidos aos Partidos Políticos no que se refere ao processo eleitoral."

No pleito de 1988, a Lei nº 7.664, de 29.6.88, em seu art. 8º e § 1º, estipulou:

"Art. 8º. Dois ou mais partidos políticos poderão coligar-se para registro de candidatos comuns à eleição majoritária, à eleição proporcional, ou a ambas.
§ 1º. É vedado ao partido político celebrar coligações diferentes para a eleição majoritária e para a eleição proporcional".

Nas eleições de 1992, a Lei nº 8.214, de 24.7.91, art. 6º, §§ 1º e 2º, seguiu a trilha das Leis nºs 7.493/86 e 7.664/88, facultando aos partidos políticos celebrar coligações para o registro de candidatos à eleição majoritária, à eleição proporcional, ou a ambas, vedando, porém, coligações diferentes para a eleição majoritária e para a eleição proporcional. Já a Lei nº 8.713, de 30.9.93, dispondo para as eleições de 1994, assegurou aos partidos políticos, por igual, coligações para a eleição majoritária, eleição proporcional, ou para ambas, "desde que elas não sejam diferentes dentro da mesma circunscrição" (art. 6º).

À sua vez, a Lei nº 9.100, de 29.9.95, disciplinando o pleito de 1996, estabeleceu alteração parcial no sistema anterior, ao preceituar, no art. 6º: "Serão admitidas coligações se celebradas conjuntamente para as eleições majoritária e proporcional, e integrada pelos mesmos partidos, ou se celebradas apenas para as eleições majoritárias". Não se facultou, pois, coligação, exclusivamente, à eleição proporcional.

Finalmente, para as eleições de 1998, a Lei nº 9.504, de 30.9.97, em seu art. 6º, preceitua, *verbis*:

"Art. 6º. É facultado aos partidos políticos, dentro da mesma circunscrição, celebrar coligações para eleição majoritária, proporcional, ou para ambas, podendo, neste último caso, formar-se mais de uma coligação para a eleição proporcional dentre os partidos que integram a coligação para o pleito majoritário."

No que concerne à *eleição proporcional*, admitiu-se, pois, no regime vigente, *"mais de uma coligação"*, exigindo-se, porém, que as coligações diferentes, eventualmente a se formarem, provenham *"dentre os partidos que integram a coligação para o pleito majoritário"*.

Compreendo, desde logo, assim, que o art. 6º da Lei nº 9.504/97 somente admitiu pluralidade de coligações para a eleição proporcional; não, porém, para o pleito majoritário. Além disso, a formação de mais de uma coligação para eleição proporcional pressupõe ocorra a hipótese de coligação *"para ambas"*, ou seja, para a eleição majoritária e para a proporcional. O art. 6º, é certo, faculta coligação apenas para o pleito majoritário ou só para a eleição proporcional. Também, cumpre entender-se, como decorrência, que o dispositivo legal em exame, ao facultar haja coligação, tão-só, ao pleito majoritário, assegura a cada partido político, assim coligado, disputar com candidatos próprios a eleição proporcional.

De outra parte, composta a coligação para a eleição majoritária de diversos partidos, *ad exemplum*, de seis partidos: "A", "B", "C", "D", "E" e "F", é possível que se constituam três coligações na eleição proporcional: "A" e "B"; "C" e "D"; "E" e "F", ou, apenas, duas: "A", "B", "C" e "D", ao lado de outra integrada por "E" e "F", ou ainda, duas coligações, sendo uma: "A", "B", "C", e a outra: "E" e "F", permanecendo, entretanto, o partido "D" fora de coligação para o pleito proporcional, no intento de concorrer com candidatos próprios.

Noutra linha de exame da *quaestio iuris*, cabe entender que, para a eleição majoritária, somente pode ser admissível uma coligação entre os mesmos partidos. Não tenho, em realidade, como viável se constitua uma coligação para Governador e outra diferente para Senador; de contrário, se diversos os grupos de agremiações partidárias, não seria possível atender à parte final do art. 6º referido, no sentido da constituição de duas ou mais coligações com vista ao pleito proporcional, ao se estipular que, aí, as coligações se façam dentre os partidos que integram *a* coligação para o pleito majoritário. Não autoriza, destarte, o texto legal se lhe confira exegese segundo a qual possam coexistir duas coligações no âmbito da eleição majoritária, com base no mesmo bloco de partidos.

Sendo, no entanto, dois cargos a se proverem no pleito majoritário, na circunscrição - Governador e Senador -, é de indagar se haveria óbice em ordem a um partido integrante da coligação formada, para a eleição majoritária, limitar seu apoio ao grupo coligado, tão-só, para a candidatura de Governador, vindo a disputar, com candidato próprio, a eleição a Senador. Decerto, são autônomas as candidaturas ao Governo do Estado e ao Senado Federal. Dá-se, porém, que ambas compõem a eleição majoritária, na circunscrição. Se se admitir que um dos partidos integrantes da coligação majoritária dela não faça parte, em se cogitando da eleição para Senador, mantendo-se os demais coligados para esse pleito, disso resultaria, em verdade, que estariam compostas duas coligações: uma, para Governador, incluído o partido, que pretende disputar o Senado Federal com candidato próprio, e outra coligação, *já diferente*, porque sem esse partido, a concorrer para o Senado Federal. Está no espírito do art. 6º da Lei nº 9.504/97, que, em se formando uma coligação para o pleito majoritário, aí se entendam, em princípio, compreendidos os cargos de Governador e Senador, exegese essa, à semelhança do que se examinou acima, única a viabilizar a aplicação da segunda parte do dispositivo concernente à eleição proporcional, com coligações diversas. Ressalvo, porém, a hipótese em que, constituída a coligação, exclusivamente, para Governador, cada um dos partidos integrantes dessa aliança pode apresentar candidato próprio ao Senado Federal, ou deixar de disputar este cargo. Nessas circunstâncias, de referência a tal cargo eletivo, não há falar em coligação; esta estaria limitada ao cargo de Governador. Cumpre entender, porém, nessa linha, que, não obstante a coligação explicitamente deliberada para Governador, exato é que os partidos dela integrantes não podem ficar, por esse motivo, impedidos de concorrer, isoladamente, a Senador. As considerações acima, quanto à coligação majoritária, apenas, para o cargo de

Governador, são, à evidência, aplicáveis à hipótese em que a coligação majoritária se forme, unicamente, para a disputa do cargo de Senador.

Relativamente à eleição proporcional, em que se admitem coligações diferentes, compostas com partidos integrantes da coligação majoritária, será viável a existência de uma ou mais coligações para a eleição de Deputado Federal, o mesmo sucedendo quanto a Deputado Estadual, sendo, ainda, admissível que um partido componente da coligação majoritária delibere, em sua convenção, disputar, não coligado, a eleição proporcional, ou para Deputado Federal, ou para Deputado Estadual, ou para ambos.

Com efeito, se a coligação majoritária se constituir de seis partidos, conforme exemplo anterior: "A", "B", "C", "D", "E" e "F", nada impede, à luz da segunda parte do art. 6º da Lei nº 9.504/97, que se formem duas coligações: uma "A", "B" e "C"; outra "D", "E" e "F", cada qual para disputar conjuntamente as eleições de Deputado Federal e Deputado Estadual, ou, tão-só, para um desses cargos eletivos. Poderia, também, suceder, *ad exemplum*, que "A", "C" e "F" se constituíssem em coligação apenas para o pleito parlamentar estadual. Da mesma forma, não há, aqui, empecilho jurídico para que um dos partidos da coligação majoritária, compondo-se com outros, da mesma coligação, para a eleição proporcional federal, resolva constituir lista própria de candidatos à Assembléia Legislativa. O que não se tem por possível, em face do art. 6º da Lei nº 9.504, existente coligação majoritária, é a inclusão de partidos estranhos a essa coligação assim estabelecida, em ordem a se coligarem com integrante desse bloco partidário, para disputar eleição proporcional. O art. 6º da Lei nº 9.504, embora estabelecendo ampla abertura quanto às composições partidárias com vistas à eleição proporcional, adotou, todavia, parâmetro inafastável, qual seja, manter-se fechado o círculo partidário que ampara a eleição majoritária, admitindo que, na sua intimidade, os partidos se componham, para as eleições proporcionais, como for de sua conveniência, dentro de cada circunscrição. Desse modo, o grupo de partidos a sustentar a eleição de Governador e Senador, entre si, disporá, como for do interesse de cada agremiação, no que concerne a Deputado Federal e Deputado Estadual.

Assentou, precisamente, nessa linha, o TSE a exegese do art. 6º da Lei nº 9504/97, ao responder a Consulta nº 383, pela Resolução nº 20.126, de 12.3.98. No mesmo sentido, as Resoluções nºs. 20.125, 20.123, 20.122, 20.121 e 20.127, todas da mesma data.

12. Aspectos da propaganda eleitoral

No desenvolvimento do processo eleitoral, possui especial relevo a fase concernente à *propaganda eleitoral*, enquanto esta há de constituir o veículo pelo qual partidos políticos e candidatos aos cargos eletivos, legitimamente escolhidos em convenção, buscam conquistar o voto dos membros do corpo eleitoral da respectiva circunscrição, logo após o pleito de registro. De acordo com o art. 11 da Lei nº 9.504/77, "os partidos e coligações solicitarão à Justiça Eleitoral o registro de seus candidatos até as dezenove horas do dia 5 de julho do ano em que se realizarem as eleições", estipulando, à sua vez, o art. 36 do mesmo diploma que "a propaganda eleitoral somente é permitida após o dia 5 de julho do ano da eleição". A evidenciar a disciplina legal a que está sujeita a propaganda eleitoral, assenta o § 1º do art. 36 da Lei referida admitir-se, ao postulante a candidatura a cargo eletivo, a realização, na quinzena precedente à escolha pelo partido, de propaganda intrapartidária com vista à indicação de seu nome, "vedado o uso de rádio, televisão e *outdoor*". Sujeita-se, outrossim, o responsável pela divulgação de propaganda com violação a essas normas e, quando comprovado seu prévio conhecimento, o beneficiário, à multa nos valores de vinte mil a cinqüenta mil UFIR ou equivalente ao custo da propaganda, se este for maior (Lei cit., art. 36, § 2º). Define a Lei os *locais* e *forma* de realização da propaganda eleitoral em geral. Preceitua-se, desse modo, que é vedada "a pichação, inscrição a tinta e a veiculação de propaganda", "nos bens cujo uso dependa de cessão ou permissão do Poder Público, ou que a ele pertençam e nos de uso comum", "ressalvada a fixação de placas, estandartes, faixas e assemelhados nos postes de iluminação pública, viadutos, passarelas e pontes, desde que não lhes cause dano, dificulte ou impeça o seu uso e o bom andamento do tráfego", ficando sujeito o responsável por propaganda, em desacordo com a regra aludida, "à restauração do bem e a multa no valor de cinco mil a quinze mil UFIR" (Lei cit., art. 37 e § 1º). Independe, entretanto, de obtenção de licença municipal e de autorização da Justiça Eleitoral "a veiculação de propaganda eleitoral por meio da fixação de faixas, placas, cartazes, pinturas ou inscrições", em bens particulares, o mesmo sucedendo com a propaganda eleitoral "pela distribuição de folhetos, volantes e outros impressos, os quais devem ser editados sob a responsabilidade do partido, coligação ou candidato" (Lei cit., art 38).

De outra parte, de acordo com o art. 41 da Lei nº 9.504/97, a propaganda exercida nos termos da legislação eleitoral "não poderá ser objeto de multa nem cerceada sob alegação do exercício do poder de polícia", não dependendo de licença policial a realização de qualquer ato de propaganda partidária ou eleitoral, em recinto aberto ou fechado, devendo, entretanto, o candidato, partido ou coligação promotora do ato comunicar à autoridade policial em, no mínimo, vinte e quatro horas antes de sua realização, em ordem a que esta lhe assegure, segundo a prioridade do aviso, "o direito contra quem tencione usar o local no mesmo dia e horário", garantindo-se-lhe a realização do ato, tomadas as providências necessárias, por igual, ao concomitante "funcionamento do tráfego e dos serviços públicos que o evento possa afetar" (Lei cit., art. 39, §§ 1º e 2º).

Disciplina-se, também, na Lei, o funcionamento de alto-falantes ou amplificadores de som, somente sendo permitido entre as oito e as vinte e duas horas, salvo quando da realização de comícios, que se pode estender o horário até vinte e quatro horas, vedados a instalação e o uso daqueles equipamentos em distância inferior a duzentos metros das sedes dos Poderes federais, estaduais, distritais e municipais, bem assim dos quartéis e outros estabelecimentos militares; dos hospitais e casas de saúde; das escolas, bibliotecas públicas, igrejas e teatros, quando em funcionamento (Lei cit., art. 39, §§ 3º e 4º).

Considera-se crime, cominando-se pena de detenção, de seis meses a um ano, com a alternativa de prestação de serviços à comunidade pelo mesmo período, e multa no valor de cinco mil a quinze mil UFIR: I - o uso, na propaganda eleitoral, de símbolos, frases ou imagens, associadas ou semelhantes às empregadas por órgão de governo, empresa pública ou sociedade de economia mista (art. 40); II - no dia da eleição, o uso de alto-falantes e amplificadores de som ou a promoção de comício ou carreata; III - no dia da eleição, a distribuição de material de propaganda política, inclusive volantes e outros impressos, ou a prática de aliciamento, coação ou manifestação tendentes a influir na vontade do eleitor.

Mereceu tratamento especial da Lei nº 9.504/97 a propaganda eleitoral mediante *outdoors*, a qual somente é permitida após a realização de sorteio pela Justiça Eleitoral (Lei cit., art. 42), estabelecendo-se que as empresas de publicidade deverão relacionar os pontos disponíveis para a veiculação dessa propaganda "em quantidade não inferior à metade do total dos espaços existentes no território municipal", devendo os locais, a isso, destinados ser assim distribuídos: 30%, entre os partidos e coligações que tenham candidato a Presidente da República; 30%, entre os que tenham candidato a Governador e a Senador; III - 40%, entre os partidos e coligações, com candidatos a Deputado Federal, Estadual ou Distrital, sendo que, em eleições municipais, metade entre os partidos e coligações com candidato a Prefeito e metade entre os que tenham candidato a Vereador (Lei cit., art. 42, §§ 1º e 2º). Os locais aludidos dividir-se-ão em "grupos eqüitativos de pontos com maior ou menor impacto visual", tantos quantos forem os partidos e coligações concorrentes, para serem sorteados e usados durante a propaganda eleitoral. A relação desses locais deverá ser entregue pelas empresas de publicidade aos Juízes Eleitorais, nos Municípios, e ao Tribunal Regional Eleitoral, nas Capitais, até o dia 25 de junho do ano da eleição, realizando-se o sorteio até o dia 10 de julho (Lei cit., art. 42, §§ 3º e 5º). Esclarece-se no § 6º do artigo mencionado que, para efeito do sorteio, "equipara-se a coligação a um partido, qualquer que seja o número de partidos que a integrem", distribuindo os partidos e coligações, entre seus candidatos, os espaços que lhes couberem. Reserva-se, de outra parte, aos partidos e coligações, comunicarem, após o sorteio, por escrito, "como usarão os *outdoors* de cada grupo, com a especificação de tempo e quantidade, sendo redistribuídos entre os demais concorrentes interessados, os *outdoors* não usados, fazendo-se novo sorteio, se necessário, a cada renovação (art. 42, §§ 7º e 8º). Estipula-se, na Lei referida, que o preço para a veiculação da propaganda eleitoral em *outdoors* não poderá ser superior ao cobrado normalmente para a publicidade comercial". No § 11 do art. 42, a Lei nº 9.504/97 comina multa de cinco mil a quinze mil UFIR, a que se sujeitam a empresa responsável, os partidos, coligações ou candidatos, em ocorrendo violação das normas regentes dessa propaganda eleitoral, além da "imediata retirada da propaganda irregular".

No julgamento do Agravo de Instrumento nº 502-MT, em sessão de 27.11.97, o TSE, por maioria de votos, decidiu que, em se cuidando de propaganda por *outdoors*, em bens particulares, não se aplicava o art. 51, § 2º, da Lei nº 9.100/95, mas, sim, a disciplina específica do art. 55 do mesmo diploma, segundo a qual "a propaganda através de quadros ou painéis de publicidade ou *outdoors* somente será permitida após a realização do sorteio de que trata esse artigo, aplicando-se ao infrator multa de 1.000 a 10.000 UFIR". O objetivo dessa disciplina especial para a propaganda eleitoral, por meio de *outdoors*, é impedir o abuso do poder econômico. Se não se exigir o sorteio, em se tratando de *outdoors*, colocados em propriedades particulares, os candidatos, com grandes disponibilidades de recursos, poderiam montar sistemas de propaganda com *outdoors*, fora do controle da Justiça Eleitoral, com inequívoca ofensa ao princípio da igualdade na disputa eleitoral e abuso do poder econômico, o que a lei, assim, colima coibir, com o regime específico dessa forma de propaganda, significativamente eficiente no processo eleitoral.

Relativamente à veiculação de propaganda eleitoral na imprensa escrita, o art. 43 da Lei em foco permite-a, até o dia das eleições, como divulgação paga, no espaço máximo, por edição, para cada candidato, partido ou coligação, de um oitavo de página de jornal padrão e um quarto de página de revista ou tablóide, cominando-se multa no valor de um mil a dez mil UFIR ou equivalente ao da divulgação da propaganda paga, se este for maior, em ocorrendo inobservância dos limites estabelecidos acima, a ela sujeitos os responsáveis pelos veículos de divulgação e os partidos, coligações ou candidatos beneficiados (art. 43, parágrafo único).

De referência à propaganda no *rádio* e na *televisão*, restringe-se ao horário gratuito definido na Lei nº 9.504, vedada a veiculação de propaganda paga (art. 44).

Veda-se, de outra parte, a partir de 1º de julho do ano da eleição, às emissoras de rádio e televisão, em sua programação normal e noticiário: "I - transmitir, ainda que sob a forma de entrevista jornalística, imagens de realização de pesquisa ou qualquer outro tipo de consulta popular de natureza eleitoral em que seja possível identificar o entrevistado ou em que haja manipulação de dados; II - usar trucagem, montagem ou outro recurso de áudio ou vídeo que, de qualquer forma, degradem ou ridicularizem candidato, partido ou coligação, ou produzir ou veicular programa com esse efeito; III - veicular propaganda política ou difundir opinião favorável ou contrária a candidato, partido, coligação, a seus órgãos ou representantes; IV - dar tratamento privilegiado a candidato, partido ou coligação; V - veicular ou divulgar filmes, novelas, minisséries ou qualquer outro programa com alusão ou crítica a candidato ou partido político, mesmo que dissimuladamente, exceto programas jornalísticos ou debates políticos; VI - divulgar nome de programa que se refira a candidato escolhido em convenção, ainda quando preexistente, inclusive se coincidente com o nome do candidato ou com a variação nominal por ele adotada. Sendo o nome do programa o mesmo que o do candidato, fica proibida a sua divulgação, sob pena de cancelamento do respectivo registro" (Lei nº 9.504, art. 45). A partir de 1º de agosto do ano da eleição, é proibido ainda às emissoras transmitir programa apresentado ou comentado por candidato escolhido em convenção. No horário gratuito de propaganda eleitoral, é vedada ao partido, coligação ou candidato a prática dos atos descritos nos itens I e II acima, de acordo com a norma do art. 55 da Lei em exame, ficando sujeito o partido ou coligação, se não se observarem ditas proibições, à perda de tempo equivalente ao dobro do usado na prática do ilícito, no período gratuito subseqüente, dobrada a cada reincidência, exibindo-se, no mesmo período, a informação de que a não-veiculação do programa resulta de infração da lei eleitoral.

De outra parte, os *horários* reservados à propaganda de cada eleição, nos termos do § 1º do art. 47 da Lei citada, serão distribuídos entre todos os partidos e coligações que tenham candidatos e representação na Câmara dos Deputados, observados os seguintes critérios:

I - um terço, igualitariamente;

II - dois terços, proporcionalmente ao mínimo de representantes na Câmara dos Deputados, considerado, no caso de coligação, o resultado da soma do número de representantes de todos os partidos que a integram.

Estipula o art. 47 da Lei em foco que as emissoras de rádio e de televisão e os canais de televisão por assinatura sob a responsabilidade do Senado Federal, da Câmara dos Deputados, das Assembléias Legislativas, da Câmara Legislativa do Distrito Federal ou das Câmaras Municipais reservarão, nos quarenta e cinco dias anteriores à antevéspera das eleições, horário destinado à divulgação, em rede, da propaganda eleitoral gratuita. Cabe à Justiça Eleitoral efetuar sorteio para a escolha da ordem de veiculação da propaganda de cada partido ou coligação no primeiro dia do horário eleitoral gratuito; a cada dia que se seguir, a propaganda veiculada por último, na véspera, será a primeira, apresentando-se as demais na ordem do sorteio (art. 50).

Não serão admitidos cortes instantâneos ou qualquer tipo de censura prévia nos programas eleitorais gratuitos. Veda-se a participação de qualquer pessoa, mediante remuneração, em programas de rádio e televisão destinados à propaganda eleitoral gratuita, em apoio aos candidatos.

Eis alguns traços do regime de propaganda eleitoral, em nosso sistema, cumprindo se preservem sempre os princípios de igualdade e tratamento não-privilegiado de candidato, partido ou coligação. O mau uso da propaganda eleitoral poderá identificar, também, abuso do poder econômico ou abuso do poder de autoridade, com eventuais reflexos quanto à manutenção do registro de candidato ou sua diplomação, se eleito, ou mesmo para a propositura da ação de impugnação de mandato, *ut* art. 14, § 10, da Constituição.

Indispensável no processo democrático, a propaganda eleitoral há de constituir-se em instrumento pelo qual os partidos e candidatos levem aos eleitores seus programas e idéias, contribuindo, dessa maneira, para torná-lhes possível o sufrágio esclarecido, consciente e responsável, sem o que os cidadãos se privam da oportunidade de efetivamente participar da administração da coisa pública, escolhendo entre os melhores, em ordem a realizarem, no governo e na legislatura, a promoção do bem comum e os objetivos fundamentais da República consignados no art. 3º da Constituição.

Impresso com filme fornecido pelo cliente por:

LA SALLE
Gráfica   Editora

FONE: (051) 472-5899
CANOAS - RS
1998